広島修道大学学術選書 74

グローバル人材育成のための英語ディベート

三上 貴教　*MIKAMI Takanori*

渓水社

序　言

　日本の大学はもはやレジャーランドではない。休講の場合は必ず補講をする。時に土曜日には補講のためだけの講義日程が組まれる。一昔前は、半期 15 回の授業で 1 〜 2 度の休講は当たり前であった。学生はそれを喜びこそすれ、補講を望むものなど稀であった。ベストセラーとなった、筒井康隆の『文学部唯野教授』は、「大学の講義は十二分遅れて始まり十二分早く終わるのが常識とされている。これをだいたい正確に守れぬような教授は学生から教授として扱ってもらえない」（筒井 1990：p.4）との書き出しで始まる。自分自身の学生時代に照らしても、確かに講義の開始時間は、正確に 12 分とは言えないまでも、15 分遅れることもごく普通のことであった。しかし今やそんなことは許されない。世界と伍していく大学とすべく、文部科学省（以下、特に正確に記す必要がある場合を除いて、文科省とする）の大学に対する締め付けは厳しい。いや文科省のみならず、社会の「大学は本当に役立っているのか」との声を伴った厳しい目が大学に注がれている。

　大学教育、その中の英語教育に対する目も同様に厳しい。10 年も学んでいるはずなのに、話すことも聞くこともできない、と叱責、自嘲、非難、諦観がない交ぜとなった意見が飛び交う。日本人に英語は向かないのだろうか。効果も乏しいのなら、無駄なことに時間はかけず、英語以外の学習に力を注ぐべきなのだろうか。主流をなす意見はそこを落とし所とはしない。逆にグローバル人材育成の必要性を掲げ、大学における英語教育にも具体的な成果を強く求めている。そのために英語を使った講義を増やすなどの取り組みが欠かせないとする主張もある（小学校の英語 2013）。

　大学の卒業生を採用する企業の論理を忖度するのは難しいことではない。少子化の中で国内のマーケットは縮む。そうでなくとも商品は飽和気味で、簡単に物は売れない。国内で売れなければ、まだたくさん買ってく

れそうな消費者がいる世界に目を向けなければならない。マーケットが世界である以上、そこで標準的に使われている言語を使う必要がある。こうした傾向は日本だけのことではない。先進国の企業は似たような状況に見舞われている。グローバル化が進んだ世界の資本主義の一断面である[1]。そうしたことを背景の一つとして、現在の大学における英語教育はグローバル人材の育成と関連付けられるようになっている。英語教育に言及している国会審議の発言は、近時のそうした傾向を示している。文科省も多額の予算を割いてスーパーグローバルユニバーシティの事業を進めている（文部科学省 2014）。

しかしそもそもグローバル人材とはいかなる人材なのか。人口に膾炙してはいるものの、誰もが明確な概念を共有しているわけではない。学術研究として取り上げる以上、まず概念的な整理を行って、大学の英語教育の目標をめぐる議論との交錯点について考察する。こうした概念的な検討から導き出されるのは、大学の英語教育に関しては、アカウンタビリティ、クリティカル・シンキング、そして当然に英語力の養成を目標とすべきとの見解である。そのために大学英語教育において英語ディベートの実践が重要かつ効果的であるとの仮説を設定している。

アクション・リサーチの実践によってこの仮説を検証しているのが第Ⅱ部である。英語ディベートの実践は、英語力の伸長、アカウンタビリティの能力に欠かせない説明できる力、そして民主主義社会を構成する市民としての意識の涵養と関連する。ただしこうした大きな目標は、そう簡単に達成できるわけではない。必ずしも意図した効果がもたらされない場合、それはどうしてなのか、具体的な分析を通して問題点を明らかにする。これによりグローバル人材育成における英語ディベート実践の重要性と課題を浮かび上がらせる。

---

[1] こうしたグローバル化を主張した代表的な論者はフリードマンである。グローバル化は各国にとって不可避の黄金服で、着ることを拒否することはできず、選択肢は早いか遅いかだけであると主張した（フリードマン 2000）。

さて、本書でのグローバル人材の定義を示しておきたい。本書での結論的定義は、グローバル人材は、「地球的課題を話し合う場（地球的対話の場）に参加して建設的な貢献ができる人」である。グローバル人材は、企業においてはグローバルにビジネスを展開できる人と捉えるのが常識的だろう。しかし大学教育が育成するのは、企業のための人材に限定されるわけではない。もっともそれを排除するわけでもない。世界的なビジネスを展開する中で、様々な問題を解決するために対話が必要となる場に参加して建設的な貢献を行うとすれば、その参加者はグローバル人材である。
　こうしたグローバル人材は、第二次世界大戦後の自由主義を標榜した陣営が重んじてきた価値とも呼応する。民主主義、法の支配、自由と人権こそは国際社会において譲れない価値となっている。そうした重要な価値を体現できる人材がグローバルなレベルで必要とされている。中国が影響力を増す中であるからこそ、世界大に、民主主義を支えうる人材として、大学教育の場での意識付けが必要になっている。日本の大学教育においては、そうした価値を日本が重視していることを世界に発信し、問題解決のために対話できる人材を輩出することである。
　このような価値を度外視する英語教育であるなら、大学でそれを行う必要はない。日常的な会話を修得するためだけに英語を学ぶのであれば英会話学校で十分であろう。異文化間の摩擦や葛藤を外国語の学習を通して理解し、そこにグローバル化をめぐる地球大の変容が生じていることに鋭敏でなければならない。実はそうした摩擦は異文化間に限ったことではない。同一言語を話し、社会としての同質性の高い日本においても、社会的な亀裂が絡んでいる争点の場合、そう簡単に一致点は見いだせない。まして政治的強者と少数派との間では、建設的なコミュニケーションに導くような配慮が欠かせなくなる。言い換えると、多数を握る強者や、権力の側に立つ者は、常に厳格な説明責任（アカウンタビリティ）を課されているとの認識である。さもないと、亀裂は深まり、生産的に社会を前に進めていくことはできない。国際社会においてはなおさらである。母語ではない外国語としての英語を学ぶ本質的な意義を自問し、その修得には並々なら

ぬ努力が欠かせないことに自覚的な人材を育てる場が大学である。日本人にとっては、英語でアカウンタビリティを意識する場が必要で、それが大学に求められている。

そうした困難性を踏まえて、では大学における英語教育の手段として何を行うべきなのか。知的な葛藤を含みながらも英語を使う実践が必要である。英語を使わずに英語によるコミュニケーション力を伸長させることはできない。実際に言葉を発し、他者にその内容を理解してもらおうと努める。また相手の言葉を受け止めて、その意味内容を理解しようとする。そうした内容を持つコミュニケーションを伴わずに英語力の伸長は望めない。英語ディベートはそうした課題に対する一つの解決策である。

本書は、そのことを実証的に示そうとすることを目的としている。中心的なテーマは、英語ディベートがグローバル人材育成にとって有効かどうかを見究めることである。その大きなテーマを以下の細分化した仮説によって検討していく。枠組みとしてそれらは「学習習慣」、「学習姿勢」、「シティズンシップ」、「アカウンタビリティ」、「英語運用能力」の5つ

表0.1 リサーチクエスチョン

1）学習習慣	英語ディベートの授業は学習習慣を向上させたか。	(学習時間)
2）学習姿勢	英語ディベートの授業は学習に取り組む積極的姿勢を高めたか。	(図書館やインターネットを利用した情報収集、問題を考える力、解決する力、他の学生と協力する姿勢)
3）シティズンシップ	英語ディベートの授業はシティズンシップの素養を高めたか。	(国際的な事柄・ニュース・選挙・政治的争点への関心)
4）アカウンタビリティ	英語ディベートの授業はアカウンタビリティに必要な能力を高めたか。	(理由をつけて意見をいう)
5）英語運用能力	英語ディベートの授業は英語運用能力に対する自己評価を高めたか。	

で、それぞれ具体的に、1）から5）のリサーチクエスチョンによって検証する。丸カッコの中には、実際に行ったアンケートのキーワードを付している。本書の第Ⅱ部で、このリサーチクエスチョンに取り組む。

目　次

序言 ………………………………………………………………… i

第Ⅰ部
グローバル人材と英語ディベートをめぐる概念的な議論

1．国会審議のなかの英語教育
　　　──計量テキスト分析による可視化の試み ………………… 3
　1.1　問題意識の所在　3
　1.2　「英語教育」の登場回数　4
　1.3　国会審議のなかの「英語教育」の分析　6
　1.4　新聞社説のなかの「英語教育」の分析　11
　1.5　KWIC 分析　19
　1.6　おわりに　22

2．大学が目指すグローバル人材育成
　　　──スーパーグローバル大学を素材にして ………………… 23
　2.1　はじめに　23
　2.2　分析方法と先行研究　25
　2.3　国会審議のなかのスーパーグローバル大学　26
　2.4　学長式辞　28
　2.5　クロス集計分析　35
　2.6　結語　38

3．グローバル人材育成における
　　　英語ディベートについて ………………………………… 39
　3.1　はじめに　39
　3.2　グローバル人材とは　39

3.3　ディベートとは　44
　3.4　ディベート批判　51
　3.5　有用性を考察する概念枠組み　56
　　3.5.1　ディベートとアカウンタビリティ　56
　　3.5.2　ディベートとクリティカル・シンキング　57
　　3.5.3　ディベートと英語力　61
　3.6　背景にある危機感　63
　3.7　今後の課題―おわりに代えて―　67

4．ディベートとプラグマティズム………69
　4.1　「わからない」からの脱却　69
　4.2　民主主義を支える市民の育成　72

5．国際政治学科における英語教育………74
　5.1　国際政治学科の中でのディベート　74
　5.2　社会科学の使命としての良き市民の育成　76
　5.3　専門教育と ESP　79

6．国際社会における基盤的競争力………86
　6.1　ふるわない TOEFL、TOEIC スコア　86
　6.2　IMD による国際競争力　78
　6.3　大学教育の質　90
　6.4　グローバル人材を求めているのか誰か　94
　6.5　目指す人物像　95

7．「使える」から「使う」へのパラダイムシフト………97
　7.1　「使える英語」の喧伝　97
　7.2　「使える」という発想の問題点　100
　7.3　「使う」ことの有用性　102

7.4 「使う」場としてのディベート　105

第Ⅱ部
アクション・リサーチとしての英語ディベート実践

8．英語ディベート実践の成果 …………………………… 111
　　　8.1 アクション・リサーチとしてのディベート　111
　　　8.2 大学アンケート・フォーマットに基づく勉強時間の差異　111
　　　8.3 2012担当者個別質問に対する回答　114
　　　8.4 2012学習時間の差異の図示　116
　　　8.5 2012の個別質問の比較対象　117
　　　8.6 2012アンケートの統計的な検定のための仮説　119
　　　8.7 2012時間の差についての統計的検定　120
　　　8.8 2012考える力についての統計的検定　122
　　　8.9 2012他の学生たちと学び合う力についての統計的検定　123
　　　8.10 2012調べる力についての統計的検定　124
　　　8.11 2012国際的事柄への関心についての統計的検定　125
　　　8.12 2015ディベート勉強時間　125
　　　8.13 2015担当者設定質問　126
　　　8.14 2015講義科目勉強時間　127
　　　8.15 2015講義科目とディベートの担当者質問アンケート比較　127
　　　8.16 2015講義科目とディベートの担当者質問アンケート比較のグラフ化　130
　　　8.17 2015講義科目とディベートの担当者質問アンケート比較の統計的検定　132

9．シティズンシップ涵養の視点 ………………………… 138
　　　9.1 他者理解のために　138

9.2　アンケートの分析　140
　　9.3　社会問題に関する英文論述量の変化　142
　　9.4　社会問題に関する英語語彙数の変化　146
　　9.5　ディベート論題　152
　　9.6　ディベートにおける自説と異なる主張　154

10. アカウンタビリティの能力の伸長──結語と共に……… 160

参考文献一覧 ………………………………………………… 169
Appendix ……………………………………………………… 179
あとがき ……………………………………………………… 183
索引 …………………………………………………………… 185

広島修道大学学術選書 74

グローバル人材育成のための英語ディベート

第Ⅰ部
グローバル人材と英語ディベートをめぐる概念的な議論

1．国会審議のなかの英語教育[2]
——計量テキスト分析による可視化の試み

1.1　問題意識の所在

　英語教育は社会的活動である。社会からの要請、期待、必要があって存在している。「英語が使える日本人」を育成するようにとの声も社会から生まれてきている。それゆえに社会における英語教育に関わる言説を掌握しておく必要がある。そのための手段として、本論では、新聞社説、国会における審議を確認する。新聞社説は社会の現状を分析し、問題点を指摘する。政治、経済、社会文化を含め多様な領域に関わる問題提起を行っている。政治経済も広い意味では社会の活動である。それは社会的動向と常にキャッチボールを行い、問題発見と問題解決の言説を生み出している。もっとも新聞社は社会における代表的言論機関であるものの、一つの民間会社でもある。それぞれの新聞社はそれぞれある傾向、特徴を持っている。そのことを踏まえて、一社のみではなく、複数の新聞社の社説を対象とした分析とすることには留意しておく。

　敷衍しておきたい。「英語教育」も国の施策である。いかなる英語教育を日本において行うべきか。教育政策であるから、その実施の中心的役割を担う組織は文部科学省である。しかし日本が民主主義国家である以上、その施策を検証し、議論し、大所から検討する場は国会である。ここでは最近 5 年間の国会審議における「英語教育」を分析する。下で示すように、国会でこれが取り上げられた回数に関しては、近年では 2014 年が一

---

[2] 拙稿（2017）「国会審議のなかの英語教育――計量テキスト分析による可視化の試み――」『修道法学』第 39 巻第 2 号に基づき、大幅に加筆修正した。

つのピークを形成する。国会の討論は日本国民の関心事と大きく乖離していることはないだろうから、いわば近年においてはこの時期に「英語教育」に高い社会的関心が寄せられていたことになる。ここではその前後の議論を分析の対象とした。

ここ10年（正確には、平成18年9月1日から平成28年9月29日まで）で国会会議録の検索機能における「英語教育」の検索結果の件数は142件であった。第二次世界大戦後、最初の国会が開かれた昭和22年5月20日から平成28年9月29日までには375件の「英語教育」への言及がある。単純に数値から読み解けば、70年ほどの間で、37パーセント強、3分の1以上が近時10年の間に取り上げられたことになる。

国会は「英語教育」をどう論じているのか。「英語教育」に言及した発言の語句を計量的に分析する。併せて、新聞社説のなかの「英語教育」との比較も交える。新聞社説もその時々の社会的問題について解説を行い、示唆に富む提言を展開する。国会の審議同様に社会の断面を映し出す鏡となっている。もちろん新聞社それぞれに問題のとらえ方、社説の主張に差異がある。そうしたことを視野に入れて、読売新聞、朝日新聞、毎日新聞、日本経済新聞の4紙の全国紙を対象とした。これにより、社会的諸相や問題のとらえ方の包括性が高まる。期間は2011年のはじめから2016年の9月30日までとした。これも国会審議と併せ、考察する対象のテキストとした。これらに対して文章を計量的に分析するフリーソフト、KH Coderを用いて探索的検討を行った[3]。

1.2 「英語教育」の登場回数

登場回数自体のこの10年間の変化を図表で示す。図1.1が国会審議で、表1.1は新聞社説である。

---

[3] 本書で用いた計量テキスト分析は、たとえば増田（2012）が地方議会の会議録を分析する際に用いている。新聞社説については、丁（2016）が、尖閣諸島問題をテーマとして計量テキスト分析を行っている。

1．国会審議のなかの英語教育

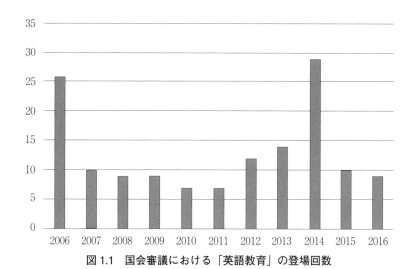

図 1.1　国会審議における「英語教育」の登場回数

表 1.1　社説における「英語教育」の登場回数

	読売新聞	朝日新聞	毎日新聞	日本経済新聞	年毎の合計
2006	0	2	0	1	3
2007	1	1	1	2	5
2008	0	1	1	1	3
2009	1	0	0	0	1
2010	0	1	0	1	2
2011	1	1	1	1	4
2012	0	0	0	0	0
2013	2	1	2	0	5
2014	3	1	1	1	6
2015	0	0	1	0	1
2016	1	0	1	1	3
新聞毎の合計	9	8	8	8	(33)

2014年がピークとなっている背景には、安倍政権の積極姿勢があろう。この年1月24日の第186回国会の施政方針演説において首相は、2020年を目標として中学校で英語を使った授業を行うこと、英語教育を強化することを強調した。その延長線上に文部科学省の有識者会議もこの年9月、日本人の英語力強化のための提言を発表している。社説もこうした政治の動きに呼応している面がある。ここには小学校の英語授業を3年生からはじめること、5・6年生については正規の教科として評価することが示されている（文部科学省 2014b）。また中学校では英語は英語で教えることを基本とし、これらの施策を通してアジアトップの英語力をつけると謳っている（文部科学省 2014b）。

なお、この10年間の各紙の合計はほとんど差がない。年毎の合計を確認すると、ここでも2014年の6回が最多の登場である。

1.3 国会審議のなかの「英語教育」の分析

計量テキスト分析の対象とした期間は、国会審議、新聞社説ともに近時の5年間とした。国会審議については、国会会議録を用いて、「英語教育」を含む段落をすべて取りだした。その結果、20,726語が分析対象となった。なお、KH Coder は特に指示しなければ、「英語教育」は「英語」と「教育」に分けて分析される。これらの語句がそれぞれ単独に出現する場合と区別する必要もあるので複合語「英語教育」を設定した。同様に、「グローバル人材」もこれを一つの複合語とした。もっとも多く出現した語、ここでは上位150語に絞って下に示す。「英語教育」を含む発言の段落から構成されているテキストだけに、最多は「英語教育」となっている。

表1.2　国会審議における頻出上位150語

抽出語	出現回数	抽出語	出現回数	抽出語	出現回数
英語教育	252	力	19	要領	11
思う	164	見る	18	ほか	10
教育	162	話	18	委員	10
英語	155	意味	17	活動	10
日本	63	重要	17	教材	10
小学校	60	文科	17	検討	10
大学	56	いろいろ	16	現場	10
学校	55	グローバル人材	16	語学	10
今	44	コミュニケーション	16	受ける	10
外国	43	高等	16	出る	10
教員	39	支援	16	書く	10
考える	38	大変	16	政権	10
活用	35	中学校	16	前	10
授業	35	導入	16	中学	10
推進	34	能力	16	提言	10
先生	34	学習	15	日本語	10
国際	33	教える	15	文化	10
必要	33	向上	15	方向	10
問題	32	段階	15	NHK	9
言う	31	留学	15	あり方	9
行う	31	韓国	14	スーパー	9
改革	30	持つ	14	安倍	9
子供	30	大事	14	一貫	9
指導	30	お話	13	学ぶ	9
充実	30	改善	13	基本	9
進める	30	使う	13	機会	9
グローバル	28	時間	13	教師	9
育成	27	実行	13	交流	9
高校	27	取り組む	13	昨年	9

第 I 部　グローバル人材と英語ディベートをめぐる概念的な議論

世界	26	図る	13	使える	9
一つ	25	整備	13	始める	9
国	25	対応	13	社会	9
指摘	25	特に	13	場合	9
聞く	25	本当に	13	情報	9
実施	24	アジア	12	体制	9
議論	23	リーダー	12	展開	9
強化	23	我が国	12	当然	9
人	22	皆さん	12	配置	9
会議	21	活躍	12	予算	9
海外	21	試験	12	一番	8
計画	21	制度	12	科学	8
人材	21	非常	12	環境	8
大臣	21	話す	12	含める	8
地域	21	向ける	11	語る	8
入れる	21	事業	11	効果	8
日本人	20	生徒	11	高校生	8
課題	19	先ほど	11	今回	8
研修	19	全国	11	状況	8
今後	19	抜本	11	申し上げる	8
再生	19	目標	11	戦略	8

　トップ10のなかに「大学」が登場する。「留学」が15回、「韓国」にも14回の言及があった。
　ではこのテキストに登場する語は、それぞれどのような関係性を持っているのだろうか。それを示したのが図1.2である。多次元尺度構成法を用いた。これは、出現パターンの似通った語の組み合わせにはどのようなものがあったのかを探索するのに適している（樋口 2014: p.151）。KH Coder上の具体的なコマンドでは、頻出上位100語を網羅する最小出現数11、そして品詞は名詞とサ変名詞、それと複合語「英語教育」と「グローバル人材」を対象とした。

1．国会審議のなかの英語教育

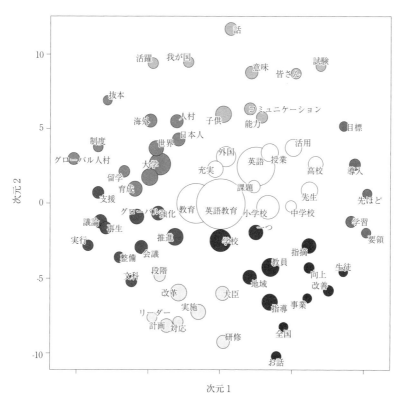

図 1.2　国会審議の多次元尺度構成法による分析

　中心の「英語教育」の近くに、「小学校」、その右に「中学校」、さらにその斜め上に「高校」が配置されている。左端に「グローバル人材」があって、それより中央に寄ったところに「大学」、「世界」、「留学」が近接する。図 1.3 はクラスター分析によって語をグループ分けしている[4]。デンドログラムとよばれるこの図において、左端に並んだ語が上下に近接していればいるほど、共起の程度が強い。文字が小さく判読が難しい語句も

---

[4] クラスター分析を用いたテキストマイニングの例は枚挙に暇がないが、一例としてたとえば川野（2010）を参照されたい。

第Ⅰ部　グローバル人材と英語ディベートをめぐる概念的な議論

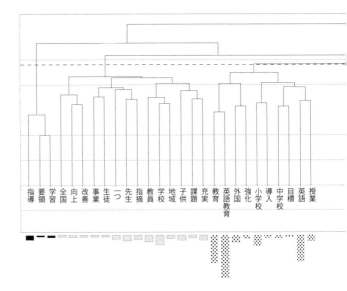

あるが、主眼とすべきは以下のような点である。「英語教育」が「小学校」、「中学校」と共に、左から3つ目のクラスターを構成している。他方、「大学」が一番右のクラスターに「留学」と共にある。ただし「グローバル人材」は左から4つ目のクラスターで、「コミュニケーション」と同じグループに入っている。

　ここでの探索的な分析からは、国会審議における「英語教育」は「大学」、「グローバル人材」と比較的に強い関係性を見いだせることである。この点については後述する新聞社説のなかの「英語教育」と異なる。本論の分析で用いた共起の程度の分析は、Jaccard 係数[5]による。これは数理分類学で広く用いられてきた方法で、1.0 が最大の類似度、0.0 が最大非類似度を示す（Romesburg 1992: p.179）。本論では個々に Jaccard 係数を明示

---

[5] Jaccard 係数は「類似性を測定する任意の質的類似係数を表す」（Romesburg1992: p.178）方法の一つである。

1. 国会審議のなかの英語教育

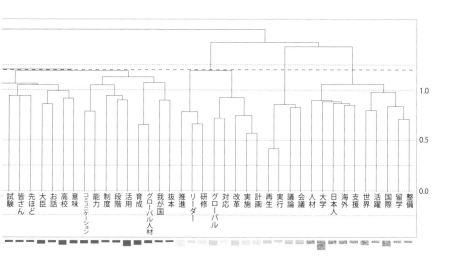

3 国会審議のクラスター分析

はしていないが、この係数において一定以上の類似度が示されたデータの分析となっている。

1.4 新聞社説のなかの「英語教育」の分析

次に新聞社説において「英語教育」を含む社説の文章すべてをデータとして分析した。その結果、19本の社説、10,934語の計量テキスト分析を行うことになった。表1.3はここでの頻出上位150語である。

第Ⅰ部　グローバル人材と英語ディベートをめぐる概念的な議論

表1.3　新聞社説における頻出上位150語

抽出語	出現回数	抽出語	出現回数	抽出語	出現回数
英語	92	豊か	11	公約	7
教育	88	問題	11	考える	7
指導	48	理解	11	今回	7
授業	42	充実	10	子	7
学習	36	人	10	試験	7
学校	34	制度	10	諮問	7
小学校	32	正式	10	若者	7
高校	31	中学	10	受ける	7
必要	31	意見	9	受験	7
日本	30	育成	9	習得	7
大学	28	科目	9	十分	7
力	28	学力	9	将来	7
英語教育	25	活動	9	小中	7
改革	25	具体	9	進める	7
外国	22	研修	9	専門	7
教える	22	時期	9	総合	7
教科	22	示す	9	打ち出す	7
人材	22	実行	9	対応	7
要領	22	実施	9	大きい	7
課題	21	情報	9	大切	7
教員	20	政策	9	討論	7
社会	19	前	9	日本人	7
世界	18	調査	9	文法	7
読む	18	内容	9	変わる	7
学ぶ	17	グローバル	8	方向	7
科学	15	海外	8	問う	7
子供	15	機会	8	養う	7
時間	14	議論	8	歴史	7
生徒	14	求める	8	話す	7

増える	14	検討	8	テーマ	6
提言	14	行う	8	テスト	6
入試	14	今	8	育てる	6
文部	14	使える	8	活用	6
会議	13	週	8	環境	6
再生	13	小学	8	関心	6
能力	13	増やす	8	技術	6
コミュニケーション	12	地域	8	共通	6
改定	12	中央	8	検定	6
教師	12	転換	8	語学	6
国	12	読書	8	工夫	6
国際	12	評価	8	使う	6
審議	12	本	8	子ども	6
身	12	養成	8	時代	6
多い	12	アジア	7	自分	6
聞く	12	育む	7	自民党	6
現場	11	解決	7	重要	6
先生	11	確か	7	状況	6
多く	11	確保	7	政権	6
知識	11	計画	7	声	6
必修	11	欠く	7	全国	6

　国会審議の頻出上位150語と比べると、こちらは「小学校」が7位である。実は真ん中のコラムに出現回数8の「小学」がある。これらは同一とみなせるので、合計すると40となり、「小学（校）」は実質5位とみなしてよい。「大学」は11位である。ここでは出現回数14回で「入試」があるが、この語は国会審議の上位150語には入っていなかった。

　新聞社説については、共起ネットワーク[6]を用いた図1.4を紹介してお

---

[6] 共起ネットワークについての具体的な説明をした上でマーケティングの事例を示した先行研究としてたとえば吉見他（2012）がある。グローバル人材に関連した論稿として三上（2016）も参照されたい。

きたい。共起ネットワークは文字通り、共起、つまり出現パターンの似通った語を示し、その程度が強い語を線で結んでいる。出現回数の大きい語を大きい円で、結びつきの強い語を太い線で表すことができる。円の色は「中心性」を表していて、濃くなるにつれてそれが高くなる。この共起という概念について10年近く前からKH Coderを活用して論文を発表している橋本（2007）の説明に依拠して補足すると、たとえば句点から句点までの一文のなかで、「大学」という語とともにどのような語が登場するか、すなわち「大学」という語と「共起」しているのはどのような語であり、またその連関の強さはどの程度かを捉えるものである。連関の強さは「大学」という語が含まれている一文のなかで、ある語が常に使われているなら当然強く、使われる頻度が低ければ弱くなる。なお樋口の説明では、語句の位置にはあまり意味はなく、線で結ばれていなければ共起関係にはない。線で結ばれている語同士は互いに近づくが（樋口2012）、結ばれていない語同士はそうではない。なおここでのコマンドは、最小出現数は上位100位を包摂する7、品詞は名詞、サ変名詞、複合語は国会審議の場合と同じである。

社説では、「英語教育」を含んでいても、それが中心的テーマであるとは限らず、出現回数は13位にとどまる。したがって、この語が中心になるわけではない。「英語教育」はこのネットワーク上には現れてさえいない。代わりに「英語」が「小学校」、「授業」、「教科」と結び付きの強い語として分類されている。さらに中央から左よりの下に、「大学」と「入試」が共起関係の高い語として線で結びついている。ここでは語の関係性を線で表す共起ネットワークから興味深い結果を得ることができた。

上の語の結びつきについては、下の図1.5のクラスター分析でも確認することができて、以下のように解釈可能である。

7つのクラスターとなるように設定したが、左から5つ目のクラスターが多くの語を含んでいる。その左から6番目と7番目に「大学」と「入試」がある。確かにこの両語の結びつきが強いことが示されている。

国会の場において、英語教育はグローバル人材の育成との強い関係性を

1. 国会審議のなかの英語教育

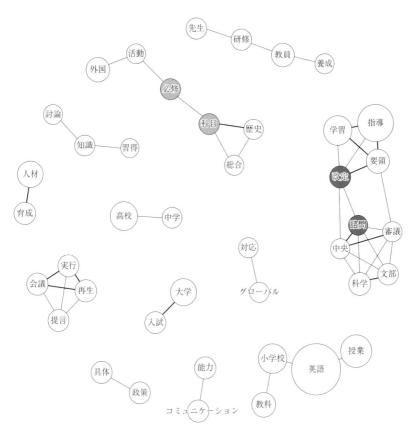

図 1.4　新聞社説の共起ネットワーク

もって議論されている。この点を審議の議事録の分析を通してさらに輪郭を明確にしておきたい。国会審議のテキストに対して対応分析を行ってみる。これによって、テキストにおける特徴的に注目すべき語句を視覚的に明らかにすることができる。この分析では原点近くの語は取り立てて特徴のない語が並ぶ。逆に原点から離れている語ほど特徴的な語である（樋口 2014: p.42）。

図 1.6 を見ると、「計画」が原点から遠い。「計画」が英語教育をめぐる

第Ⅰ部　グローバル人材と英語ディベートをめぐる概念的な議論

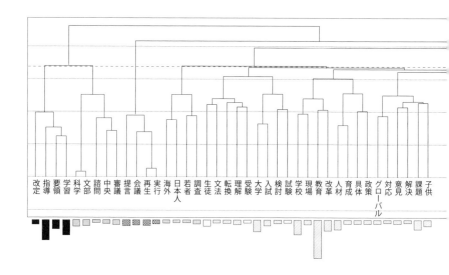

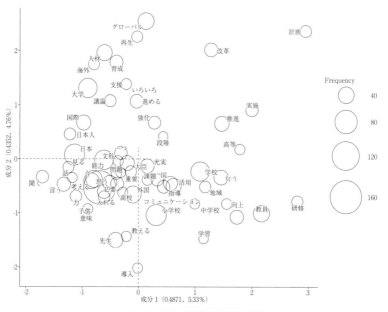

図1.6　国会審議の対応分析

1．国会審議のなかの英語教育

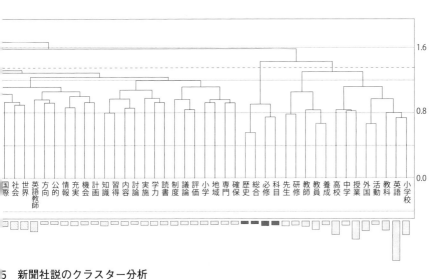

5　新聞社説のクラスター分析

　国会審議の中で、どのように用いられているかをさらにKWIC（Key Words in Context）を用いて確認しておく（表1.4参照）。

　この結果を確認すると、計画をめぐっては、「グローバル化に対応した英語教育改革実施計画」の重要性が浮上する。「グローバル化に対応した」を省略している場合もあるが、明らかにこの計画を指していると解釈できる発言が数多く並んでいる。

　ここでこの実施計画を見ておきたい（文部科学省 2013）。一目瞭然の特徴は、小学校高学年の英語の教科化、中学校において英語の授業は英語で行うことを基本とすること、高校における言語活動の高度化として発表、討論、交渉等が並んでいる。本論の問題意識からは、高校における討論重視はディベートと軌を一にする方向性が示されている。そのほか、英語教育の計画の中に日本人としてのアイデンティティに関する教育重視が謳われていることも特徴であろう。これを評して森住（2016）は、現在版の和魂洋才の文書として特徴づけている。ただし、森住も指摘する通り、どのように和魂洋才をはぐくむ英語教育を実践していくのか、具体策が示され

17

第Ⅰ部　グローバル人材と英語ディベートをめぐる概念的な議論

表 1.4　国会審議における「計画」についての KWIC 分析

L	C	R
の方で、第二期教育振興基本	計画	というのがつくられています。これ
がつくられています。これは中期	計画	ですよね。この計画に基づいて、
。これは中期計画ですよね。この	計画	に基づいて、半年後の平成二十五年
グローバル化に対応した英語教育改革実施	計画	というのが出ています。資料の
だ文部科学省の「英語教育改革実施	計画	」に基づき、着実に拡大していく
ということなんです。つまり、この	計画	ができたのでこの企業の価値が高まっ
書いてありますけれども、英語教育改革実施	計画	というので ALT 外部派遣というのが認め
てきました。当然、ALT、JET	計画	もありますし、皆さんから、ネーティブな
グローバル化に対応した英語教育改革実施	計画	、これを国として策定をされた
大臣から公表いたしました英語教育改革実施	計画	におきましては、中学校、高等学校
省として、昨年十二月に英語教育改革実施	計画	を発表いたしました。初等教育段階から
教員の複数配置、このようなことで	計画	的に教員の定数を改善して
教員の定数を改善をしていくという	計画	であります。（↓）御指摘のように、
グローバル化に対応した英語教育改革実施	計画	に基づく外国語教育の強化や高校生留学
またそれを受けた文科省内での実施	計画	等々、さまざまな提案であるとか計画が
実施計画等々、さまざまな提案であるとか	計画	が出されております。それらを踏まえ
グローバル化に対応した英語教育改革実施	計画	を公表いたしました。（↓）　これは
グローバル化に対応した英語教育改革実施	計画	に基づく外国語教育の強化や高校生留学
科学省では、英語教育の改革実施	計画	というものを出されて、積極的に
います。（↓）　その中で、さっきの実施	計画	の中にも書いてあったんです
。（↓）　御質問の英語教育改革実行	計画	についてでありますが、これは昨年十二月

＊計画を中心（C）として、左（L）と右（R）の5語を取り出すコマンドの結果である。

ていないことは気にかかる。

　たとえば英語の教材を工夫して、日本の文化を取り上げることによる理解促進は可能だろう。併せてこうした内容を重視した英語教育の展開において、ディベートは有効である。それは論題を工夫することだけで学習者に考える機会を提供するからである。浜野（2016）も指摘するように、教材準備の負担が軽微に済む。日本の伝統文化、たとえば神楽を設定してみよう。その歴史的な説明を英語で行うことは簡単なことではない。文献的な裏付けを踏まえ、さらにそれを英語で行うためにどれほど準備が必要だろうか。しかし、もし英語ディベートで、論題を「すべての小学生は、神楽を一つ踊れるようにする」ことに賛否を問う英語ディベートであるな

ら、学習者自らが伝統芸能を調べることになる。それをどう捉え、小学生が取り組むべきか否か、学習者がディベートに参加するために準備する。教師は、その主張が説得的であるかどうかを判定する作業となる。通常の教授型の授業に比べると、教師側の負担は少ない。この点においてもディベートの有効性は想像に難くない。英語ディベートはそうした教育の実践を可能とする。

1.5 KWIC 分析

上の分析結果から、国会審議は「英語教育」と関連して「グローバル人材」が登場し、そこには「大学」や「留学」、外国との比較の視点として「韓国」が登場している。他方新聞社説では、「英語教育」は「小学校」における「授業」としての「英語」の持つ意味合いが大きく、「大学」も登場するものの、それは「入試」と関係性が強く、改革の対象となっている。

この点をさらに KWIC 分析で比較しておく。これにより、注目する語

表 1.5 国会審議における「大学」についての KWIC 分析

L	C	R
進める方法はないかということで、	大学	の入学試験に、試験ではなくて
、さらに、国際化を牽引するスーパーグローバル	大学	等への重点支援を昨年から行うこと
。中学、高校の六年間、そしてまた	大学	でも勉強するわけでございますが、
このように思います。また、スーパーグローバル	大学	創成支援等を通じたグローバル人材を育成し
思います。そのために、各	大学	が、例えば十年後までに大学の
各大学が、例えば十年後までに	大学	の教授、外国人あるいは外国で単位を
この部分が我が国でほかのトップレベルの	大学	と比べて欠けている部分であります
こういうところを強化しながら、まさに日本の	大学	が世界で評価され、海外からも
で評価され、海外から日本の	大学	や大学院に留学したいというような
化や教育再生という名の下に、	大学	改革や英語教育など学校現場や当事者を置き去り
の英語教育を考える上で、私は、	大学	入試における英語のあり方というのは、間違い
をいたしました教育再生実行会議において、	大学	教育の在り方に関する検討の中で、グローバル人材
徹底した国際化を推進するスーパーグローバル	大学	やスーパーグローバルハイスクールの創設、小中高等学校
せる、また、高校においてはグローバルハイスクール、	大学	においてはグローバルユニバーシティースクール等を設け
利活用以外にも、世界トップレベルの	大学	の実現であるとか、大学の入試
レベルの大学の実現であるとか、	大学	の入試改革等々、さまざまな新しい施策に
徹底した国際化を推進するスーパーグローバル	大学	やスーパーグローバルハイスクールの創設、小中高等学校

第Ⅰ部 グローバル人材と英語ディベートをめぐる概念的な議論

L	C	R
英語教育の問題につきましては、もう	大学	からではなくて小学校からの話に
段階からより英語教育について強化をする、あるいは	大学	におけるグローバル人材を育成するための大学の
あるいは大学におけるグローバル人材を育成するための	大学	の質と量を高めていくということ
低下して、諸外国のトップレベルの	大学	にそもそも学力的に入れない、レベルが
の支援の充実といったこと、あるいは	大学	の国際化を更に進めていくという
積極的にやっていただいて、海外の	大学	そして企業に日本人が頑張って就職し、
、日本の教育の現状を見ると、	大学	を出ても英語はしゃべれない。東大
たいと思います。一方で、	大学	における英語教育なんですけれども、中国や韓国
んですけれども、中国や韓国、これは	大学	でみっちり英語をやっているんですね
もございます。そういったことも考えて、	大学	における英語教育について、当局に方向性を
できる人材を育成するというのは、	大学	教育の非常に重要な目的の一つで
御指摘のように、まだまだ、我が国、	大学	においても、英語教育について改善すべき点は
も聞いております。ですから、ぜひ	大学	入試。これは、公務員の試験でも
の英語教育を動かせるというのは、	大学	入試、しかもトップ層の。私は
ではございません。中学、高校、	大学	と十年近く英語を学びながら、ほとんど
思う次第でございます。もう一つ、	大学	の立場でいますと、レベルアップをする
桁のところも現実あるわけですね。	大学	とすれば、より高度な教育、高度
率の中で、特別枠というのは	大学	にとってはいかがか、私は総長では
なる環境を整備するため、一つには	大学	の国際化に向けた体制整備、二つ
グローバル人材は育たない。抜本的な、これから	大学	、質、量の改革を含めて、
抜本的に見直すという意味の中で、	大学	教育についても、九月入学のあり方や、
、その間のギャップターム、それから、そもそも	大学	入試のあり方等々、あるいは英語教育のあり方等
日本で一番勉強する時期というのはやはり	大学	受験の時期だと思っていますので
時期だと思っていますので、その	大学	受験の中に、話せる力あるいは聞く力
置いた英語教育、そしてそれに向けての	大学	の試験のあり方みたいなものをちょっと考え
、高校生の留学促進、英語教育の充実、	大学	等の国際化のための体制整備や
国際化のための体制整備や海外の	大学	との大学間交流、若手研究者の
ための体制整備や海外の大学との	大学	間交流、若手研究者の海外派遣など
グローバルフォーというのは、立命館アジア太平洋	大学	、秋田にあります国際教養大学、早稲田大学
アジア太平洋大学、秋田にあります国際教養	大学	、早稲田大学の国際教養学部、それと国際基督教大学
、英語教育に力を入れている四つの	大学	のことをグローバルフォーというそうです。
、高校生の留学促進、英語教育の充実、	大学	等の国際化のための体制整備や
国際化のための体制整備や海外の	大学	との大学間交流、若手研究者の
ための体制整備や海外の大学との	大学	間交流、若手研究者の海外派遣など
教育のハブなどとも言われ、イエール	大学	など世界の有名校の分校を次々に
が書いてあるわけです。例えば、	大学	入試で、今、どうやって英語教育を
と。答えは簡単なんですよ。	大学	入試、うちの大学はTOEFL何点と
なんですよ。大学入試、うちの	大学	はTOEFL何点と決めちゃえばいいん
これで留学できるんですよ。うちの	大学	はこれですよと決めちゃえば、どこ

＊大学を中心（C）として、左（L）と右（R）の5語を取り出すコマンドの結果である。

1．国会審議のなかの英語教育

が、どのような文脈で登場しているのかを確認することができる。表1.5では国会審議の分析対象テキストで、「大学」を含む文章の前後を取りだした。表1.6は新聞社説における同様の所作の結果である。

　表1.5では「入試」も散見される。同時にグローバル人材に関連した文章のなかで「大学」が多く用いられていることを確認することができる。

表1.6　新聞社説における「大学」についてのKWIC分析

L	C	R
もっと広げてもいい。また産業能率	大学	の新入社員調査では、海外赴任を
通用しない。携帯電話を使った	大学	入試の不正も、ペーパーテストの点数に
」「聞く」の力を測るため、	大学	入試でのＴＯＥＦＬ（トーフル）など外部
。試験は既に3分の1以上の	大学	が利用しているが、留学用、
に不利だ。これらの課題は、	大学	や試験団体などの協議会で検討する
英語教育　まず先生から始めよう	大学	の受験資格に国際テストTOEFL（トーフル
教育再生実行本部が提言した。各	大学	は、検定で一定の成績をとること
使えるようにならない。みんながみんな	大学	を受けるわけではない。将来、英語
ことが前提になる。そうできれば、	大学	を受けない人にも役に立つ。たとえば
させるよう求めている。教員を育てる	大学	で、学生に英語圏の人と話す
確保の見通しも不透明だ。高校	大学	教育との接続や入試改革に対応し
。理念通りなら、授業法、教科書、	大学	入試で問う学力、成績評価など波及的
べきだ。指導要領改定に併せ、	大学	入試改革も進め、「1点刻み」
打ち出した。「グローバル化」に対応する	大学	教育の徹底的な国際化や人材育成など
すべき課題も生じよう。高校、	大学	への関門に待ち受ける入試英語を頭に
てきた。教育再生実行会議は今後	大学	入試のあり方についても論議、提言する。
で世界のトップクラスと評価される日本の	大学	は少なく、内外の優秀な学生の獲得
獲得競争で後れをとっている。地方	大学	が地域の人材育成ニーズに十分応え
地域社会で活躍できる人材の輩出につながる	大学	改革についても、具体策を論じ合って
だ。小学校の教師の多くは、	大学	の教員養成課程で英語の指導法を
ない。授業が変われば、高校や	大学	の入試問題の内容も大幅な見直しを
するという考えが背景にある。世界	大学	ランキングで100位以内に入る日本の大学
大学ランキングで100位以内に入る日本の	大学	は、現在2校しかない。それを
は他の先進国と比べ、幼稚園と	大学	における私費負担の割合が特に高い。家計
後には、教育再生実行会議で、	大学	入試改革や「6・3・3・4制」の見直しに関する
活躍できる人材の育成に向け、小学校から	大学	に至るまで、英語教育の拡充が必要だ
の争点となろう。提言は、	大学	教育にも言及し、「グローバル化の
「TOEFL」などの外部検定試験を、	大学	入試や卒業認定の判断材料に活用する

＊大学を中心（C）として、左（L）と右（R）の5語を取り出すコマンドの結果である。

表 1.6 においては入試改革が眼目となっている文章を数多く見い出せる。

表 1.5 において目立つのはスーパーグローバル大学だが、表 1.6 にそれはない。同様に、耳慣れないグローバルフォーという、立命館アジア太平洋、国際教養、早稲田、国際基督教の各大学を指す言葉が表 1.5 には何度か登場するが表 1.6 には一度も出てこない。英語教育と大学の関係性について、政治の場での議論と社会における問題意識とでは差があることを確認できる。

1.6 おわりに

多次元尺度構成法、クラスター分析、共起ネットワーク、対応分析、KWIC 分析という KH Coder による計量テキスト分析の結果、「英語教育」をめぐる近時の国会審議は、「グローバル人材」、さらにそれと関係した「大学」との関係性が比較的に強いことがわかった。また英語教育の施策として「グローバル化に対応した英語教育改革実施計画」が重要な位置づけを持っていることが確認できた。さらにスーパーグローバル大学への注目も顕著である。他方、同じく日本社会における「英語教育」を論じた社説は、必ずしも「グローバル人材」に焦点は当たっていない。社説での「大学」と「英語教育」の関係についても、それは「入試」との結びつきによって出現する頻度が高いことがわかった。

2．大学が目指すグローバル人材育成[7]
──スーパーグローバル大学を素材にして

2.1　はじめに

　東京工業大学の学長は、2016 年 4 月の入学式式辞を英語で行った。それを批判する声も存在した[8]。しかし学長は、スーパーグローバル大学に選ばれた大学として、世界を視野に入れた教育・研究の展開に向けた打ち上げ花火的な効果を狙ったのかもしれない。学長式辞に対して反響が起こることはむしろ稀で、まして研究対象としてそれが注目されることもほとんどなかった。そうした学長式辞[9]ではあるが、大学学事暦の最も重要なイベントの一つにおけるそれは、大学の針路を示すメッセージ性に富む言説であることは間違いない。新入生とその保護者、多くの教職員を前に学長は、大学のリーダーとしてその指針を新年度早々に語る。大学の教育研究の青写真が語られることも多い。スーパーグローバル大学に選定された大学に対しては世間の関心も高い。そうした点を総合的に勘案して、ここではスーパーグローバル大学の学長式辞に焦点を当てて分析する。
　スーパーグローバル大学は、文部科学省がスーパーグローバル大学創成

---

[7] 拙稿（2016）「グローバル大学学長式辞のテキストマイニング分析：グローバル人材にふさわしい視座を嚮導できているか」『グローバル人材育成教育研究』第 3 巻第 2 号に基づき、大幅に加筆修正をした。
[8] 脳科学者の茂木健一郎はこの英語スピーチについて、「敢えて下手くそな英語を話す実際上の必要はないと思う」と自身のブログに記している。http://lineblog.me/mogikenichiro/archives/2351302.html（2016 年 8 月 25 日閲覧）
[9] 八木（2013）は自らの学長スピーチに言及している。なお、大学によっては学長ではなく、総長、塾長などの呼称が、式辞の代わりに告辞が用いられている場合もあるが、ここではこれらをすべて「学長式辞」とした。

支援として平成27年度から10年間に渡って支援する事業で、104校109件の申請があったなかから、トップ型13校、グローバル化牽引型24校の計37校がそれに選ばれた（文部科学省 2014a）。文科省の説明によると、トップ型は徹底した国際化と大学改革により、我が国の高等教育の国際競争力を強化することを目的に、世界レベルの教育研究を行う。他方、牽引型は先導的試行に挑戦し我が国の大学の国際化を牽引する。日本全体の大学のうち、学生数および教職員数の約20パーセントをこのスーパーグローバル大学が占めることになるという。学生及び教員の外国人比率の向上、英語による授業の拡大、成果指標の設定と徹底した情報公開が課された要件となる。東京工業大学はトップ型13校の一つである。

「平成28年度行政事業レビューシート」（事業番号0145）〔事業名：スーパーグローバル大学事業〕に基づいて事業としての位置づけをより明確に示すと、これは「世界的に国境を越えた学生・教員の流動性が高まり、国際的な大学間連携の動きも進む中、我が国の大学の国際化は十分ではなく、世界的な大学ランキングでも外国人留学生の割合等が反映される国際関係の指標において評価が低い状況にある。本事業では、このような状況を打破するため、我が国の大学の国際化を強力に推進し、大学の改革を促し、国際競争力を向上させることを目的としている」（文部科学省 2016）。

行政事業レビューシートには「成果目標及び成果実績（アウトカム）」が二つ、「活動指標及び活動実績（アウトプット）」が三つ並ぶ（文部科学省 2016）。前者は①外国人留学生比率の向上、②外国語力基準を満たす学生数の比率の向上、を定量的な目標としている。後者は①外国語による授業の実施率、②ナンバリング実施割合、③専任教員の年俸制の導入、を挙げる。

外国語の授業の実施率を上げることで学生の外国語力向上を企図することは理解できる。しかし年俸制の導入やナンバリング実施をアウトプットとする事業を遂行しても、外国人留学生の比率の向上には直結しないだろう。そもそもの事業目的である大学の国際競争力の向上につながるようには見受けられない。この事業の論理モデル[10]に問題が存在するからであ

る。財政難のなかで巨費を投じる事業であるだけに、その効果を吟味する慎重な審議が国会には求められる。ここでの国会審議は水平的アカウンタビリティに該当する[11]。文部科学省の事業に対する有効性を吟味する場として、国会審議への期待もある。本章でスーパーグローバル大学にかかわる国会審議を分析する意味の一つもここにある。

ところで super global university は和製英語であり、これを「SGU」との略称で呼ぶことにも法的問題がある。札幌学院大学が「SGU」を商標登録しているからである（まるで詐欺 2014）。計画としてはトップ型最大5億円、牽引型最大3億円を最長10年間支援する予定だったが、実際は2015年度平均支援額でトップ型が2億8800万円、牽引型が1億3100万円で、「まるで詐欺」との声もある（まるで詐欺 2014）という。スタートから順風満帆とはなっていない。

2.2 分析方法と先行研究

学長式辞の分析にはここでも KH Coder を用いた。上でも示した通り、これは文章、語句を分析対象として、その特徴を視覚的に浮かび上がらせることができる。本節執筆の時点でグローバル人材育成に関する議論を KH Coder で分析する先行研究は見つけられなかった。またスーパーグローバル大学とグローバル人材育成を関連付けた論考も、まだそれほど多く存在していない。数少ない中でたとえば嶋内（2014）の議論を見ておくと、まず一般的なイメージとしてのグローバル人材を次のように捉えられることを紹介する。グローバル人材は「コミュニケーション能力や異文化適応能力を持ち、地球規模の問題に対し積極的に取り組み貢献することが

---

[10] 行政の事業評価に論理モデルは有用である。詳しくはロッシ他（2005）を参照されたい。
[11] 水平的アカウンタビリティに関しては、政治にかかわるアカウンタビリティを体系的に説明した高橋（2015）が参考になる。行政府、立法府、司法府が互いにチェックし合い、さらに会計検査院、選挙管理機関、汚職対策機関などの監視機関がアカウンタビリティのメカニズムとして機能することを説明する（pp.30-37）。

できる人材」(p.109)とするものである。その上でグローバル人材に関連して語られる「日本人としてのアイデンティティ」概念についての分析を行い、さらにスーパーグローバルに限定されない裾野を広げたグローバル人材育成の必要性を指摘している（嶋内 2014）。

本書の議論の先に、今後の課題としてスーパーグローバル大学とそれに選定されていない大学におけるグローバル人材育成に対する視点を分析することがある。ただその場合、37校の学長式辞を大幅に上回るテキストが分析の対象となる。ここでは、文字通り文部科学省のいうトップ型、牽引型を代表とした範囲を限定した分析となる。

以下ではまず「スーパーグローバル大学」に言及している国会審議における発言を、次いでスーパーグローバル大学学長の式辞を取り上げてテキストを比較する。さらにグローバル人材の定義で用いられる語句との関係性をクロス集計によって分析し、視覚化のために図示する。

2.3　国会審議のなかのスーパーグローバル大学

スーパーグローバル大学支援事業について、文部科学省の狙いも含めてその意図を精査するための一つの試みは、国会審議の内容を検討することである。上の「英語教育」に関する分析でも用いた手法である。国会は国権の最高機関であって、国民の代表が様々な角度から政府の施策全般について質疑応答を繰り返し、政策の内容を吟味している。スーパーグローバル大学に関しては多額の予算が投入されているだけに、2013年6月21日の衆院決算行政監視委員会においてこの語句がはじめて登場して以来、第190回国会の2016年5月11日までに、30回に渡っての言及がある。下は、下村博文文部科学大臣（当時）の委員会発言で「スーパーグローバル大学」が語句としてはじめて登場した段落の抜粋である。

「具体的に、海外大学の教育ユニットを誘致するとか、あるいは逆に日本の大学の海外展開を拡大するとか、国際化を断行するスーパーグローバル大学を、今後十年間で世界大学ランキングトップ百に十校ランクインする、今二校ですけれども、そういうこととか、留学生を倍増するとか、大

2. 大学が目指すグローバル人材育成

学入学試験で TOEFL 等を活用するとか、そういう具体的な提言をすることによって、各大学が日本の教育の方向性について理解していただいて、その方向に進めるような、そういう提言であるというふうに受けとめておりますが、もちろん、それ以前の段階として、日本人としてのアイデンティティーを高めるための教育をするということは必要なことだと思います」(国会会議録 2013)。

さてこの下村発言を含めた 30 回すべての国会審議におけるスーパーグローバル大学への言及をテキストとして、共起関係を分析したのが図 2.1 である。これは品詞による取捨選択を、名詞、サ変名詞に限定し、最小出

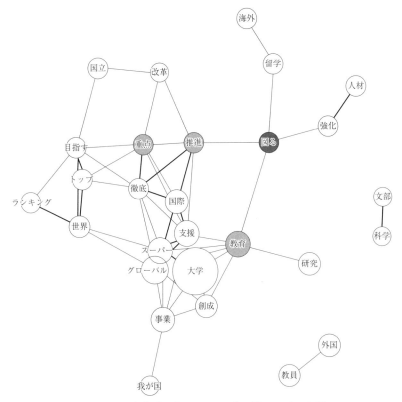

図 2.1 国会審議のなかのスーパーグローバル大学

現数は 15、描画数を 30 にした結果である。

さて、あらためて図 2.1 を確認すると左側に「ランキング」という語が登場する。周辺の語も含めて、ここでのスーパーグローバル大学は世界大学ランキングにおいて日本の大学が上位に入ることを眼目としたプロジェクトであることがわかる。「文部」「科学」と「外国」「教員」は他の語句と線で結ばれていない。しかしこれら以外の語句はどれも線で結びついている。「図る」が中心的であるのは、事業として大学を支援して、その国際競争力強化を促すことに力点が置かれていることの表れであろう。

2.4　学長式辞

続いて学長のスピーチを分析する。文部科学省 (2014a) が選定したスーパーグローバル大学は、具体的にはトップ型が表 2.1 にある 13 大学、グローバル化牽引型が表 2.2 の 24 校である。この内、東京医科歯科大学、名古屋大学、大阪大学、京都工芸繊維大学、芝浦工業大学、上智大学、東洋大学、創価大学はそのホームページで学長式辞を探し出すことができなかった。そのため本章での分析の対象外とした。学長式辞のすべてを紹介するのは冗長である。例示として、この文部科学省事業において最多の支出額である東北大学の総長の式辞の一部を紹介したい。

表 2.1　トップ型大学

北海道大学	東北大学
筑波大学	東京大学
東京医科歯科大学＊	東京工業大学
名古屋大学＊	京都大学
大阪大学＊	広島大学
九州大学	慶応義塾大学
早稲田大学	

＊は分析対象外

2. 大学が目指すグローバル人材育成

表 2.2　牽引型大学

千葉大学	東京外国語大学
東京芸術大学	長岡技術科学大学
金沢大学	豊橋技術科学大学
京都工芸繊維大学＊	奈良先端科学技術大学院大学
岡山大学	熊本大学
国際教養大学	会津大学
国際基督教大学	芝浦工業大学＊
上智大学＊	東洋大学＊
法政大学	明治大学
立教大学	創価大学＊
国際大学	立命館大学
関西学院大学	立命館アジア太平洋大学

＊は分析対象外

＜東北大学＞

　東北大学へ入学した皆さん、誠におめでとうございます。……中略……

皆さんが学ぶ権利を得たこの東北大学には、誇るべき強みや魅力が数多くあります。本日は、それらのいくつかを紹介するところから話を始めたいと思います。

　一つ目は、「歴史と伝統のある世界トップレベルの研究型大学である」ことです。……（中略）……

　三つ目は、「国際性の香り高いグローバルな大学である」ことです。

　東北大学は、100年余も前から世界に開かれたグローバルな大学として、常に新たな時代を切り拓いてきました。本学のキャンパスも小さな国際社会であり、日本各地はもとより、世界の90カ国以上の国・地域からの外国人留学生が学んでいます。

　そして現在、東北大学は、「東北大学グローバルビジョン」を打ち出して、日本の大学という存在を超え、ワールドクラスへの飛躍を目

第I部　グローバル人材と英語ディベートをめぐる概念的な議論

指して様々な取組を展開しています。とりわけ教育面においては、平成26年度に文部科学省の「スーパーグローバル大学創成支援（トップ型）」13大学に採択され、海外研鑽を中心にして語学やコミュニケーション力、国際教養力、行動力を鍛える「東北大学グローバルリーダー育成プログラム」（TGL）を実施しています。英語で学位を取得できる「フューチャー・グローバル・リーダーシップ・プログラム」（FGL）でも卒業生を輩出し、来年度からは留学生だけでなく日本人学生を対象としたコースも設置します。海外の有力大学との国際協同大学院プログラムは、昨年度のスピントロニクス分野を皮切りに、本年度は環境・地球科学分野でも開設し、データ科学分野などがそれらに続きます。そのほか、ノーベル賞受賞者クラスの卓越した研究者を招聘し、1ないし3カ月本学に滞在する中で、皆さんと自由闊達に議論する「知のフォーラム」という場を設けています。本学では、早い時期からの海外武者修行を奨励し、海外留学を支援する奨学金も準備しています。私も初めて海外に出た若い時代の経験を今でも忘れることはありません。皆さんには、是非、こうした修学環境を大いに使いこなしていただきたいと思います。

　好むと好まざるとにかかわらず、私たちは、これまで以上に、急速かつ大規模に進むグローバル化の影響にさらされていくでしょう。具体的な予測は難しいものの、人類社会が直面する課題の解決を目指して知的な格闘を続けていかなければならないことだけは確かです。東北大学で学ぶ権利を得たということは、その知的な格闘のために自らを鍛える時間と場を皆さんは与えられたということだと思います。つまり、皆さんにとってこれから大切なことは、東北大学に入学したという「学歴」ではなく、本学で学ぶ権利を得たことをどのように活かして自分の中に知の拠点を作り上げていくかという「学習・学問暦」です。それはまさに皆さんの決心と行動にかかっています。そこで、私は東北大学総長として、また大学の先輩として、2つの期待を皆さんにお伝えしたいと思います（東北大学 2016）。

2. 大学が目指すグローバル人材育成

　長い紹介となってしまったが、こうして実際に学長によるスピーチを見れば、なぜ「皆さん」が頻出語句のトップなのかがわかる。またここには「語学」や「コミュニケーション力」、「国際教養力」、「行動力」という語句が登場している。グローバル人材育成教育の観点からはおなじみの語句である。他方、人類社会が直面する課題の解決を目指して知的な格闘を続けるという表現は、トップ型大学の特徴の一端が表れている。

　それぞれの学長式辞における頻出語句のトップ30を示したのが表2.3、表2.4である。

表2.3　トップ型頻出語句

抽出語	出現回数	抽出語	出現回数
皆さん	163	持つ	39
大学	135	人	39
研究	92	力	39
世界	92	科学	38
社会	89	環境	38
教育	72	自分	37
思う	67	自由	37
学生	66	自ら	36
本学	59	生活	36
入学	57	多く	35
学問	55	考える	34
年	51	日本	33
学ぶ	50	分野	33
国際	50	海外	31
キャンパス	40	京都大学	31

表 2.4　牽引型頻出語句

抽出語	出現回数	抽出語	出現回数
大学	184	科学	54
皆さん	182	グローバル	48
世界	104	人	46
研究	97	持つ	45
社会	94	日本	43
本学	94	知識	42
入学	80	学部	40
学生	72	自由	39
思う	72	分野	38
教育	66	諸君	37
年	64	専門	37
技術	62	生活	34
国際	59	能力	34
自分	59	**文化**	32
学ぶ	57	**英語**	31

　トップ型に「英語」は入らなかったが、逆に牽引型に「学問」は入っていない。牽引型にある「文化」はトップ型にはない。国会審議の頻出語句は、学長式辞の語句とさらに趣を異にする。「スーパーグローバル大学」を含む段落を分析した結果が表 2.5 である。ここに登場する「支援」、「事業」、「重点」、「トップ」という語句は、学長式辞の頻出語句トップ 30 のなかには登場しない。

2．大学が目指すグローバル人材育成

表 2.5　国会頻出語句

抽出語	出現回数	抽出語	出現回数
大学	182	国務大臣	20
グローバル	68	外国	19
スーパー	60	思う	19
支援	54	徹底	19
委員	49	文教	19
教育	45	行う	18
科学	42	**重点**	18
国際	39	推進	18
事業	36	**トップ**	17
世界	27	下村	16
衆	26	国立	16
参	24	日本	16
研究	22	博文	16
創成	21	制度	15
文部	21	教員	14

　グローバル人材育成を重要な目標の一つに位置付け、スーパーグローバル大学に選出された事実を前面に出す大学と、地球環境問題なども視野に入れて研究の前進を重視する姿勢との違い、さらには大学の国際競争力の向上を第一義的な目的とする事業の差異を確認できる。

　トップ型のスーパーグローバル大学の学長の入学式式辞の共起ネットワークによる分析結果が図 2.2 である。図 2.3 が牽引型の学長式辞の分析結果である。双方とも図 2.1 と同じ方法に拠っている。図 2.2、図 2.3 には「社会」が登場しているが、図 2.1 にはなかった。上でも触れたが逆に「ランキング」は図 2.1 にあるが、図 2.2、図 2.3 にはない。図 2.2 のトップ型では「課題」と「解決」が強い関係性を示すが、図 2.3 の牽引型には「地域」と「理解」が登場して、大学として重視する指向性の差異も看取することができる。

第Ⅰ部　グローバル人材と英語ディベートをめぐる概念的な議論

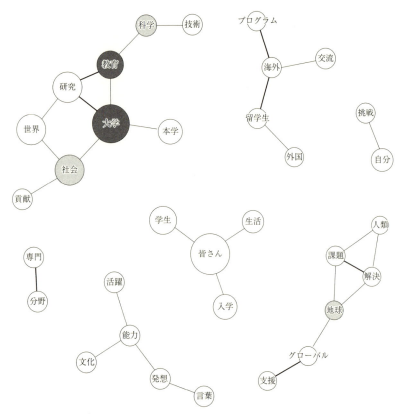

図 2.2　トップ型共起ネットワーク

　すべての図において「海外」が現出し、それと共起して「留学」あるいは「留学生」が現れている。留学を促すこと、あるいは留学生を受け入れることは、グローバルな視野に立とうとするときに高い優先度となっていることがわかる。
　なお表 2.5 にあった「支援」と「事業」は、牽引型の共起ネットワークを示した図 2.3 のなかには現出する。これらは他の語句と線で結ばれていない。図 2.1 の「支援」「事業」が多くの語句と共起の関係性を持つこととは対照的な出現である。

2．大学が目指すグローバル人材育成

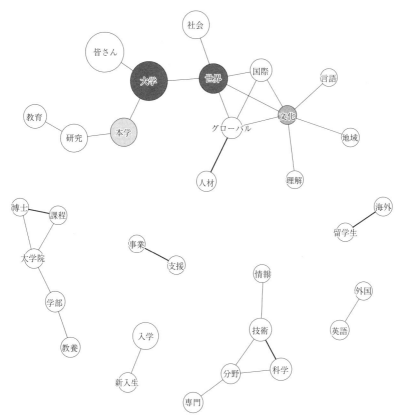

図2.3　牽引型共起ネットワーク

2.5　クロス集計分析

　グローバル人材育成推進会議（2011）がグローバル人材に求められる能力を3つの要素に分けて示した定義は多く援用されてきた（表2.6参照）。この中から語句として鍵となる「語学力」、「コミュニケーション」、「主体性」、「積極性」、「チャレンジ精神」、「協調性」、「柔軟性」、「責任感」、「使命感」、「異文化」、「理解」、「日本人」を取り出した。また筆者自身は、グローバル人材はグローバルな課題に取り組む議論に積極的に参画できる人

材であるべきだと考え、「英語力」、「アカウンタビリティ」、「クリティカル・シンキング」も鍵になることを主張してきた（三上 2014）。またスーパーグローバル大学に関連しては、上の下村発言と国会審議の共起ネットワーク（図2.1）から「世界ランキング」、「留学生」、「海外」、「大学」、「日本人」の5つの語句の重要性が浮かび上がる。こうしたことから、これらを分析のためにコード化した（表2.7参照）語句を用いてクロス集計分析を行った結果が図2.4と表2.8である。ここで「学長」についてはトップ型と牽引型を合わせたテキストを用いている。

表2.6　グローバル人材の3要素

要素Ⅰ	語学力・コミュニケーション能力
要素Ⅱ	主体性・積極性、チャレンジ精神、協調性・柔軟性、責任感・使命感
要素Ⅲ	異文化に対する理解と日本人としてのアイデンティティー

グローバル人材育成推進会議〔新成長戦略実現会議〕「中間まとめ」（2011）に基づき作成

この結果から、国会審議（図2.4と表2.8では「国会」と略記）では国の狙いとする「スーパーグローバル大学」が強調されていることは当然であるが、「グローバル人材」「三上定義」もそれぞれ5.10％、5.73％の関連性を確認することができた。他方「学長」は国が狙いとする「スーパーグローバル大学」は4.00％、意外なことに「グローバル人材」との関連性も2.82％と低かった。「学長」と「三上定義」は12.21％の関連性を示した。

表2.7　コーディング

コード名	コーディングに用いた語句
グローバル人材	語学力、コミュニケーション、主体性、積極性、チャレンジ精神、協調性、柔軟性、責任感、使命感、異文化、理解、日本人
三上定義	英語、社会、対話、説明、問題、解決、批判、クリティカル・シンキング、アカウンタビリティ、市民性、シティズンシップ
スーパーグローバル大学	世界ランキング、留学生、海外、大学、日本人

2．大学が目指すグローバル人材育成

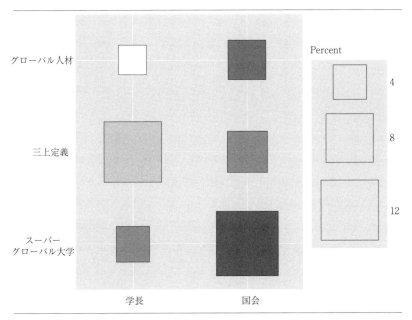

図2.4　コード出現率のバブルプロット

表2.8　コード出現率

	グローバル人材	三上定義	スーパーグローバル大学	全体のケース（文）
学長	55 (2.82%)	238 (12.21%)	78 (4.00%)	1949
国会	8 (5.10%)	9 (5.73%)	22 (14.01%)	157
合計	63 (2.99%)	247 (11.73%)	100 (4.75%)	2016
カイ二乗値	1.864	5.282*	30.018**	

** $p<.01$, * $p<.05$（コード出現率に「学長」と「国会」で差があるかを見るカイ2乗検定）

2.6 結語

「スーパーグローバル大学」について、「国会」と「学長」との間に1％水準で統計的に有意な差があった。「学長」は必ずしも世界大学ランキングに執着しているわけではない。他方、筆者が定義した社会的な問題意識を有し、グローバルな課題に積極的に参画できる人材に関しては、5％水準で「国会」と「学長」の間に統計的に有意な差があった。あらためて筆者の定義のコーディングで用いた語を示すと、それらは、「英語」、「社会」、「対話」、「説明」、「問題」、「解決」、「批判」、「クリティカル・シンキング」、「アカウンタビリティ」、「市民性」、「シティズンシップ」であった。この分析から、「学長」は「国会」と比較して新入生たちを筆者が定義するグローバル人材に導いている程度が大きいと捉えられる。

ここでは国会審議との相対的な比較を行った。国会の審議もグローバル人材育成を求める日本社会の要請を映し出している。それとの比較において、学長は新入生に対して、大学教育にふさわしいグローバル人材へと嚮導するメッセージの発出に成功している。

本章はこれまでほとんど注目されることがなかった学長の入学式の式辞を、それぞれの大学教育の重要な指針が発出されているであろうことを前提にテキスト分析の対象とした。これをきっかけに学長式辞に対する関心が高まることに期待したい。日本の大学教育を分析する方法として発展可能性を有しているのではないだろうか。

グローバル人材育成の観点からスーパーグローバル大学に焦点をあてた。今後の課題として、文部科学省による選定に限定されない、規模は小さいながらも注目すべき人材育成教育を実践している大学にも目を向ける必要がある。単年に限らない学長式辞への注目も興味深い知見につながるかもしれない。さらに文部科学省の支援事業自体の成果も検証なしで済ますことはできない。

3．グローバル人材育成における英語ディベートについて[12]

3.1　はじめに

　グローバル人材とはいかなる能力をもつ人間なのか。ここで一度立ち止まって、その定義を再考しておきたい。その上で、グローバル人材育成の教育実践として、英語ディベートの効果を論理的に確認する。ディベート教育そのものに対する批判も少なくない。そうした批判に説得的に反論できなければ、教育の場で英語ディベートがより多くの機会で実践されることはないだろう。英語ディベートはいかなる能力を伸長できると期待できるのか。そしてそれがグローバル人材として求められる能力とどう関わりがあるのか。結論としては、アカウンタビリティ、クリティカル・シンキング、英語力こそをグローバル人材の柱として位置づけ、そしてその育成のために大学教育において英語ディベートを積極的に実践する必要があることを主張する。それによって地球規模の問題にも鋭敏に関心を寄せ、その解決のために、世界と対話、討議ができる人材を育てる。そしてそうした人材を輩出することで、グローバルに民主主義を支えうる基盤の創出を企図する。

3.2　グローバル人材とは

　朝日新聞は 2013 年 6 月に「グローバル人材ってだれ？」と題する小論

---

[12] 拙稿（2014）「グローバルに民主主義を支えうる人材育成のための英語ディベートについて——アカウンタビリティ、クリティカル・シンキング、そして英語力——」『広島平和科学』に基づき、加筆修正をした。

第Ⅰ部　グローバル人材と英語ディベートをめぐる概念的な議論

を掲載した。そこでは国際会議の場を想定して、語学を武器に日本の国益を守り抜く人材と、日本も含めた各国から譲歩を引き出してグローバルな問題解決を前進させる人材とを並べている。前者が国益優先、後者がグローバル益優先である。一体このどちらがグローバル人材と言えるのか、定義が必要だと論じる（グローバル人材って 2013）。あるいは毎日新聞も、特集ワイドの記事で「グローバル人材＝英語力」なのか、と問い、日本人学生ばかりの日本文学の授業まで英語で行う大学もあるとの状況に疑問を呈している（特集ワイド 2013）。グローバル人材とはどういう人を指すのか、必ずしも明確なコンセンサスが存在しているわけではない。吉田（2013a）は、グローバル人材をつきつめれば、英語で仕事ができる人材を大学で養成せよということに集約される（p.12）とまとめつつ、これが一面的に過ぎないことを感知している。

　グローバル人材の育成が、日本の政治社会的課題として現出していることに鑑み、国政の議論の場である国会において、この"グローバル人材"という言葉がいつ登場したのかを国会会議録検索システムを用いて調べてみた。

　グローバル人材の初登場は、2006 年 11 月 2 日、参院の経済産業委員会における、甘利明経産相の発言に存する。アジアの優秀な学生を日本企業の中で活用する仕組みが必要であるとの趣旨で、経済産業省の中にグローバル人材マネジメント研究会を立ち上げた、との説明であった。もっともこの場合のグローバル人材は外国の学生を想定しており、今日の、学生であっても主に日本人を想定した概念規定とはなっていない。国会における今日的な使われ方は、より多くの日本人学生が海外留学を経験することが望ましいとした 2010 年 3 月 26 日の参院本会議における川端達夫文科相の発言にある。これが国会の場で日本人を対象としたグローバル人材育成が論じられた最初である。

　しかし、経済界から大学教育への要請として顕在化したのはこれよりいくぶん古い。ディベートとの関係からも注目しておきたいのは、吉川（2008）「グローバル人材—Debate できる力を—」にあるグローバル人材

論である。グローバル化した競争の中で、社会人としての素養や人格は当然のこととして、特に次の3つの能力の伸長を求めている。第1に高い専門能力、第2に自己の能力を他者のそれと共鳴させ複合させる力、第3にマネジメント能力だとする。これらは4年間の学士課程だけで育成するのは無理な話で、一生をかけて磨くものであるとする。その上で、大学に在籍の内に正しいDebateの訓練を徹底的に行うことを提案している。具体的には、卒業までに最低200回（週1回）の実習として、Debateを行うべきであるとの主張である。吉川によると、入社した若者の多くは真っ当な議論ができないという。「意見を言わない、反論をしない、主張しない、議論を突き詰めない。まるで相手の意見に興味がないのか、Debateすることが、あたかも互いを傷つけあうことでもあるかのように避けている。個人主義というより、他者と深く触れあうことに臆病になっているようにも見えます」(吉川 2008: p.1)。吉川の危機感が滲み出ている。

　なお日本経済新聞上ではトヨタ、東芝、京セラ、キヤノンなど、企業が必要とする人材を育成するとの文脈で、1999年から使用例がある。それでも、大学教育に対する強い要請としてその必要性が明確になる時期は上の川端発言と同じ、2010年を一つの画期として捉えることが妥当だろう。この時期に立て続けに発表される報告書等が、この潮流を決定的にする。

　産学人材育成パートナーシップグローバル人材育成委員会（2010）の報告書は、グローバル人材は共通して、①社会人基礎力、②外国語でのコミュニケーション能力、③異文化理解・活用力をもつ、とする。この委員会は文部科学省と経済産業省が協同事務局となっている。徳永・籾井（2011）も、これがグローバル人材育成という課題を明らかにした嚆矢だとする（p.50）。定義に関しては、文部科学省主催の産学連携によるグローバル人材育成推進会議によるものがこれよりさらに詳しい。「世界的な競争と共生が進む現代社会において、日本人としてのアイデンティティーを持ちながら、広い視野に立って培われる教養と専門性、異なる言語、文化、価値を乗り越えて関係を構築するためのコミュニケーション能力と協調性、新しい価値を創造する能力、次世代までも視野に入れた社会

第Ⅰ部　グローバル人材と英語ディベートをめぐる概念的な議論

貢献の意識などを持った人間」（産学連携によるグローバル人材育成推進会議 2011）とある。

またこれとは別に、2011年5月、政府は新成長戦略実現会議の下に「グローバル人材育成推進会議」を設置している。同年6月に発表された「中間まとめ」における「グローバル人材」の概念は、次の3つの要素を強調している（表3.1）。

表3.1　グローバル人材の3要素[13]

要素Ⅰ	語学力・コミュニケーション能力
要素Ⅱ	主体性・積極性、チャレンジ精神、協調性・柔軟性、責任感・使命感
要素Ⅲ	異文化に対する理解と日本人としてのアイデンティティー

グローバル人材育成推進会議〔新成長戦略実現会議〕「中間まとめ」（2011）に基づき作成。

「中間まとめ」はさらにこの3要素に加えて、「グローバル人材」に限らず社会の中核を支える人材に共通して求められる資質として、幅広い教養と深い専門性、課題発見・解決能力、チームワークと（異質な者の集団をまとめる）リーダーシップ、公共性・倫理観、メディア・リテラシーを挙げる。これらの資質・能力を単一の尺度で測ることは難しいとするものの、要素Ⅰに関しては具体的に次のような目安も提示している。①海外旅行会話レベル、②日常生活会話レベル、③業務上の文書・会話レベル、④二者間折衝・交渉レベル、⑤多数者間折衝・交渉レベル、の5つである。①②③は着実にその裾野が拡大しているが、今後は④⑤のレベルの人材の継続的育成と一定数の確保が必要であると指摘する（グローバル人材育成推進会議 2011）。

日本創生委員会（2011）「世界に飛躍する人材育成の実践――産学協働による『グローバル人材育成』の仕組みづくりに向けた提言――」による定義は、①自分の意見をしっかりと持ち、国際的な舞台で物怖じせず主張

---

[13] 表2.6を再録している。

3．グローバル人材育成における英語ディベートについて

と議論ができる人材、②コミュニケーションを通じて、世界の人々と信頼関係を築くことができる人材、③多様な価値観を理解・尊重するとともに、自国の文化・歴史を等身大で説明できる人材、④「人に尽くす、社会に尽くす、国に尽くす」、更には「国際社会に貢献する」という高い志を有する人材、とする。さらに育成すべき学生の能力を図表でも整理していて、「英語」、「ディベート力」、「教養（リベラル・アーツ）教育強化」、「理論的思考力、応用力」、「異文化理解力」をあげる（日本創生委員会 2011: p.33）。

　これら言わば官製の定義に、アカウンタビリティやクリティカル・シンキングの養成に関連した語句は、明示的には強調されていない。しかし敢えて大胆にまとめれば、これらはいかにして日本の大学が"よき市民"を育成するか、がグローバル人材をも包摂して根本的な課題として存在していることを示す。なぜならここに列挙されたような人材は、まさしくグローバル時代の模範的な市民の姿であることが一目瞭然だからである。そして良き市民の育成のために、アカウンタビリティとクリティカル・シンキングを重要な概念として本書は捉えている。

　上のグローバル人材育成推進会議「中間まとめ」にも、日本創成委員会にもコミュニケーションの能力に言及がある。ところでこのコミュニケーション能力とは何なのか。端的に言えば対話力にほかならない。第1に相手の主張に耳を傾け、賛否はともかく理解すること、第2に自分の意見を持ち、それを適確に伝えられることが、最低限の必要条件である。この能力を鍛錬する最善の方法の一つとしてディベートの実践がある。

　グローバル人材として欠かせない素養の一つとして語学力も上がる。日本創成委員会は英語力と特化しているので、両者に共通する語学力となると、それは英語力になる。どのように英語力を伸長させてゆけばよいのだろうか。

　吉川（2008）の主張を含め、2010年から立て続けに発表されたグローバル人材育成関連の文書を通底して、グローバル人材育成のための教育とは、基盤としては社会人基礎力に身につけさせること、そしてそれに加え

て英語力を持つ人材を育てることに収斂する。それはこれまでの大学教育の実践から捉えてみれば、大学の教養教育と英語教育の充実と言い換えることもできる。それゆえに、たとえば秋田の国際教養大学がグローバル人材育成という時代の要請に呼応できる教育実践の模範として脚光を浴びている。また全国の主要な大学において次々と国際教養学部が創設されていることにも表れている。

社会人基礎力についても細かくその能力を分析することはできる。しかしむしろ大胆にそれは良き市民にとって欠かせない素養である、と一言で表す方がインパクトを持つ。そして民主主義社会における良き市民は、異議申し立てを行いうるアカウンタブルな市民であり、さらに大学レベルの教育の意味を加味するなら、それはクリティカルに思考できる市民である。

さまざまに子細を指摘する定義をも概観して、総括的にグローバル人材は、アカウンタビリティ、クリティカル・シンキング、そして英語力を鍛錬した人材に収斂する。グローバル人材たるもの、自国の政治状況について諸外国市民に説明できなければならない。グローバルに市民レベルの相互理解に資する人材が求められる。

しかしながら日本においては、英語力に止まらず、アカウンタビリティを発揮するための素養そのものにも問題が存する。「わが国が直面している重要な政治的課題を私はかなりよく理解していると思う」人の割合は、日本では20.5パーセントにとどまり、調査対象の33か国中で最下位だったという（鈴木 2012: p.36）。民主主義国家の市民として、自国の政治を世界に語り、議論するだけの知識を持ち合わせていない。では大学教育で何をしたら良いのだろうか。グローバル人材を育成するためには、英語ディベートを実践することが一つの有効策である。なぜそう言えるのか、以下に説明を加える。

3.3 ディベートとは

英語ディベートに関する研究には一定の蓄積がある。本書が議論するディベートの定義については、松本（2009）の「ある論題に対して、対立

3．グローバル人材育成における英語ディベートについて

する立場をとるディベーター（議論を直接交わす人）同士が、聴衆を論理的に説得するために議論することである」（p.5）に依拠する。英語ディベートはそれを英語で行うことを指す。松本（2009）が紹介するようにディベートには様々な態様がある。しかし日本において実際に見聞きする機会が多いのは、各大学の ESS（English Speaking Society）などが中心となって、競技大会も開かれている次の二つの型である。一つは NDT（National Debate Tournament）形式で、もう一つは PD（Parliamentary Debate）がそれである。前者は一般にアカデミック・ディベート、またはポリシー・ディベートと呼ばれ、3か月あるいは半年前に論題が発表され、参加者はそれについて周到なリサーチを行って、エビデンスと言われる根拠を固めて試合に臨む。一方後者の PD は即興型で、実際に論戦を繰り広げるわずか 20 分前等に論題が発表されるディベートである。

松本（2009）の紹介によれば、アメリカの大学のディベート部においては、PD は幅広い知識が必要であり、世界情勢についても最新の情報に通じていなければレベルの高いディベートはできないことを理由に、大学院生がこれに参加するという。他方、ポリシー・ディベートは「時間的な余裕があるため、綿密な準備が可能である。また、話し方よりも議論の優劣が重視されるため、出場者の英語力の差が勝敗に反映される確率がパーラメンタリー・ディベートよりも低いと言えるであろう」（松本 2009: pp.8-9）と指摘されている。松本は続けて、両者は二項対立的なものではなく、ましてやどちらかが教育的にすぐれているわけではない、とも述べている。

確かに両者ともそれぞれに良い点があって、ディベート実践による教育効果も双方に期待できる。しかしながら学生達が英語力を伸ばすことを目的にディベートに取り組むのであれば、英語力の差がものを言う PD の効用が上回るだろう。中野（2005）は、競技ディベートを実践している学生に対するアンケート調査を行い、両者を比較している。ディベートの利点を尋ねた調査で、アカデミック・ディベートは「分析／批判力」が１位、次いで「英語力」が続く。他方、PD では１位が「英語力」、2位に「スピーキング・コミュニケーション」と続き、「分析／批判力」は５位と

第Ⅰ部　グローバル人材と英語ディベートをめぐる概念的な議論

なっている。中野（2005）はさらに、PDは「英語力」「スピーキング・コミュニケーション」に強みを発揮しているという予測のもと、これら二つの要素を合算した数値を示している。それによるとアカデミック・ディベートが69パーセントであるのに対して、PDは実に99パーセントがこれらに役立つと回答している（中野 2005: p.8)。中野の研究が示唆するところは、どちらも英語力の向上に役立つと認識されているものの、PDに取り組んでいる学生の認識がより顕著に高いという事実である。

　上記を踏まえてそれぞれのスタイルがどのような能力を培うのに向いているかは、一般論としては次のように言うことができよう。法律関係の学問領域でのディベートはアカデミック・ディベートが向いている。法廷では綿密な論理の展開と、確かな証拠が不可欠である。教育目標の一つとして法曹を意識するなら、リサーチに十分な時間をかけて反対側を論破する訓練が有用である。他方、社会を構成する民主主義社会の一員として、様々な問題に自ら適切に判断できる力を養おうとするなら、論題として多くの時事的問題に取り組んでいくPDが勝っている。また英語力を伸長させる目的においても、即座のコミュニケーションに対応する能力を身につける、という側面においてPDの方が適している。

　PDの利点として中野（2005）も「時事問題に詳しくなれる」という回答が多く出されたことを指摘している。同時にそれが「時事問題についていかなければならないストレス」として意識されているとも言う（中野 2005: p.9)。先に紹介したようにPDは即興ディベートで、論題は通常わずか20分前に発表される。インターネットへのアクセスも禁止されている。この厳しい条件を斟酌すれば、こうした受け止め方は当然のことと思われる。

　本書が大学授業における実践を想定しているディベートは、いわば上記両スタイルの折衷型とも言えるディベートである。論題は基本的に試合の1週間前、実際の大学の授業においては、毎回次の授業で行う試合の論題を発表する。そうすることで、時事問題に追い立てられている感覚から、むしろ能動的に時事問題をリサーチする発想へと切り替えられる。ストレ

スについても幾分か緩和される。また英語についても全く準備もなくいきなりスピーチを行う負担感の軽減にもなっている。さらに毎週新しい課題に取り組むというリズムは、半年間も一つの論題についてエビデンス集めに奔走し、一言一句話す内容をノートに記してそれを早口で読み上げるような状況を回避できる。

　スピーチの時間配分、ルールなどはPDに準じる。日本におけるPDの歴史は小林（2007）の『初めての英語パーラメンタリー・ディベート』に詳しい。1990年代に導入されて、PDは徐々にその輪を広げている。日本にはじめてPDを紹介したのは国際基督教大学の留学生だと言われる。PDの普及には、留学生が大きな役割を果たした。より目に見える形でPDの普及に弾みをつけたのは、日本英語交流連盟が主催する大会であった。毎年、大学対抗の大会を開催していて、既に10年を超える歴史を持つ。そこで繰り広げられる英語スピーチのレベルは高い。流暢さ、語彙力、時に交えられるユーモアをとっても、20分前の論題発表に応じて即興で繰り広げられていることが信じられないほどの英語ディベートが展開されている。無論こうした競技ディベート大会に出場する学生達の英語力はその基礎力、また練習量においても通常の授業に参加する一般の学生達とは比べ物にならない。しかし、一般学生にとっても刺激となる、一つの目標にはなりうる。臨機応変に授業の中での改変は必要であるが、この日本英語交流連盟のPDの試合が良いお手本を提示している。

　参加している大学生たちは、英語を話していながら全く物怖じすることがない。寺島を委員長とする日本創生委員会（2011）がグローバル人材の定義として挙げていた、「自分の意見をしっかりと持ち、国際的な舞台で物怖じせず主張と議論ができる人材」に該当している。ディベートはジャッジによって判定が下されるいわば勝負事である。負けたくないとする気持ちが伴うことで、遠慮がちに話をすることなど消えてしまうだろう。そうした活動であるからこそ、英語ディベートは物怖じせずに英語を話す格好の訓練の機会となる。

　中央教育審議会（2012）「新たな未来を築くための大学教育の質的転換

第Ⅰ部　グローバル人材と英語ディベートをめぐる概念的な議論

に向けて～生涯学び続け、主体的に考える力を育成する大学へ～（答申）」では、大学教育におけるアクティブ・ラーニングの必要性が強調されている。そこに含まれているのは、ディスカッションやディベートの実践である。また留学も奨励していることから、英語力の涵養が重視されていることも類推できる。現在の大学教育において、英語ディベートの実践が目標の達成に近づく有効な方途であることを審議会の答申からも導き出すことができる。

　日本英語交流連盟（ESUJ）の大学対抗英語ディベート大会の論題をみておこう。2013年10月、2012年10月の大会では、次の論題が並んだ（表3.2および表3.3参照）。

表3.2　大学対抗英語ディベート大会＜2013年＞論題

ラウンド1 Round 1	希少な医療資源を配分する際、患者の不健康な生活習慣（例：喫煙、飲酒）を考慮する。 This House would take unhealthy lifestyle choices (e.g. smoking, drinking) into account in the allocation of scarce medical resources.
ラウンド2 Round 2	国家はその国民を監視する権利を有する。 This House believes that the state has a right to spy on its citizens.
ラウンド3 Round 3	日本は集団的自衛権を行使できるようにするべきである。 This House would believe that Japan should be able to exercise its right of collective self-defense.
ラウンド4 Round 4	スポーツ選手が人種差別的な言動を行った場合、その選手が所属するチームを罰する。 This House would punish sport teams for the racist actions of their players.
準々決勝 Quarter Finals	途上国における労働者搾取を解決する責任は、途上国よりも先進国にある。 This House believes that the onus to solve sweatshop labor lies more with the developed countries than with the developing countries.
準決勝 Semi Finals	北東アジア諸国でのナショナリズムの台頭に憂慮する。 This House regrets the rise of nationalism in North East Asia.
決勝 Final	死刑制度を廃止する。 This House would abolish capital punishment.

3．グローバル人材育成における英語ディベートについて

表3.3　大学対抗英語ディベート大会＜2012年＞論題

ラウンド1 Round 1	相続税率を100％とする。 This House would impose a 100% inheritance tax.
ラウンド2 Round 2	親が宗教上の理由から子供への医療行為を拒否した場合、その親の親権を取り上げる。 This House would remove custody rights of parents who deny medical treatment to their children on religious grounds.
ラウンド3 Round 3	非暴力犯を刑務所で服役させるのではなく社会奉仕活動に従事させる。 This House would make offenders of non-violent crimes perform community service rather than serve time in prison.
ラウンド4 Round 4	国連は平和維持活動において民間の軍事会社を用いるべきではない。 This House believes that the UN should not use private military corporations in their peacekeeping operations.
準々決勝 Quarter Finals	日本政府は若者に対してより多くの投票権を与えるべきである。 This House believes that the Japanese government should give more votes to the young.
準決勝 Semi Finals	過去に当該国家から持ち出した文化遺産を返還することを他国における発掘調査実施の条件とする。 This House would make the return of cultural artifacts of national importance a prerequisite for new archaeological excavations.
決勝 Final	民主制を開発援助の条件とする。 This House would make democracy a prerequisite for development aid.

　こうした論題に授業の中で協働作業を交えながら取り組んでいく。学生たちは自ら考え、討議することで国際社会の多様な問題に対する当事者意識を育んでいく。それは民主主義を教育における集団的経験、人々が交流することによる葛藤と調和に注目し、意味が共有されることを重視したデューイ（Dewey）の主張（宇野 2013: p.54）に通じるところがある。毎週の授業によってこうした経験を習慣的な活動にしていけるならば、まさに宇野（2013）のいうプラグマティズム的な民主主義の作り方と結びついていく。宇野は、デューイを援用して、「人の経験や成長は、他の人々の経

第Ⅰ部　グローバル人材と英語ディベートをめぐる概念的な議論

験や成長と切り離すことができない。その意味で、人の成長は、集団的経験や、社会的に共有された経験とも密接に結びついている。デューイは、人々が交流することによる葛藤と調和に注目し、意味が共有されることを何よりも重視した。（改行）この場合、デューイにとって重要だったのは、ある理念が共有されることだけではなかった。より重要なのは、人々が共に行為し、経験を共有することであった。その意味で、民主主義社会を打ち立てるために、人々が協同して働くための技法を広く教育によって提供していくことが大切である。このように考えたデューイは、民主主義社会における教育の重要性を説き続きた」(p.54)。授業におけるディベートが、民主主義社会を担う教育実践活動となりうる。

　PDの利点として、もう一つ付け加えておかなければならないことは、アカデミック・ディベートが、アメリカを中心的な舞台としているのに対して、PDは世界大会を開催していて、より広い広がりを持っていることである。PDがイギリスの議会をモデルとしているだけに、コモンウェルス的な広がりが関係しているのかもしれない。無論、アメリカの影響力は甚大で、アカデミック・ディベートの実践がアメリカ人学生と交流の機会を増加させることは、特に日米同盟を国際関係の機軸にしているような日本にとって意味を持つことも疑いない。しかしアメリカを越えて広く世界の学生とディベート大会を通して切磋琢磨ができれば、それだけで視野を大きく広げる格好の機会となる。PDへの参加は文字通り、グローバルな視点を涵養するのにより高い効果を期待できる。

　なお、PDもアカデミック・ディベートも、競技ディベートと授業で行うディベートとでは、大きな差異があることは明白である。最大の違いは、授業ディベートはディベートのためにディベートを行っているわけではないという事実である。ディベートはあくまで知識を増やし、説明能力、クリティカル・シンキングを鍛える道具として活用する。英語に関しても、英語力そのものを鍛えることが第一の目的というわけではなく、英語を媒介として自らの考えを他に伝える手段を磨くことを眼目とする。その点からは、ディベートのスキルを伸ばすことよりも、わかりやすく説明

できるだけの力を養うことが目的となる。英語ディベートの活達なスピーチも目指すべき目標として模範にされることはあってよい。しかし、実践そのものにこそより高い価値を置くことは看過されてはならない。この点は後述する。

　日本の企業にとっては、海外での市場におけるビジネスの展開を可能とし、利益を上げうる人材が必要である。財界が主導する形でグローバル人材論が大学教育の場で幅を利かせるようになった。それを結局は日本企業の要請というきわめてローカルな論理で展開していることを吉田（2014: p.36）は指摘した。「大学としては、グローバリゼーションという問題をそれへの抵抗も含めて考える人間の育成が必要なように思う。……（中略）……グローバルな問題を他国の学生と議論できるような英語教育が必要であろう」（吉田 2014: p.36）との主張に本稿は賛成する立場を取る。まさに、そうした英語教育の実践が、英語による授業ディベートである。

3.4　ディベート批判

　日本においては、しかしながら、ディベートを必ずしも良いものとしない見方も根強い。ここでは英語ディベートに限らず、ディベートそのものに対する批判的見解を取り上げておきたい。併行して適宜それに対する反論も加える。

　高井（1997）はディベートという行為が第三者を説得する行為で、少なくとも日本社会の中では、ディベート以外にこうしたことはないとして、西洋かぶれした学生たちの「お遊び」に過ぎないと思っていたと記す。しかしこうした見解は、政治が与野党で政策をめぐる争点を浮かび上がらせ、メディア等を通して自らの立場に支持を訴える現行の間接民主主義のメカニズムへの理解が欠けていると言わざるをえない。政治の営みは、議論という側面においては、明らかに第三者を説得する行為を包含している。競技ディベートに代表される相手チームを論駁して自説の優位性を説く言論活動が、ディベート以外にないとする高井の見解は当を得ていない。もしこれを西洋かぶれした学生のお遊びと断じるなら、民主主義の根

第Ⅰ部　グローバル人材と英語ディベートをめぐる概念的な議論

幹たる議会そのものがお遊びの典型になってしまう。

　ディベートが盛んなように思われているアメリカにおいても、たとえば外交政策の立案の過程で、国益を重視する場合に国民を説得することは優先順位として低く設定されている、との認識が強かった。しかし最近の研究では、外交政策の正当性をめぐって、国民を説得することは重要であり、そのためにディベート的手法が用いられていることが例証されている（Payne 2007）。

　さらには、何でも二項対立的に、白黒で片付けようとする姿勢は、アメリカ的であり、それに合わせる必要はないとする批判もある（竹前 2006: p.48）。しかしアメリカにおいても、ハーバーマスのコミュニケーション的行為の影響もあって、たとえばリッセ（Risse 2000）は、議論の場を提供するその段階において既に、説得、挑戦、挑戦し返す、といった相互作用は開かれており、第三の道の可能性に通ずる、と記す。これはアメリカの議論が二項対立的に白黒付ける、との印象と大きくかけ離れた主張が力を得ていることを示す。

　また上の批判については、そもそもディベートが単純に二項対立の議論に過ぎないとする理解そのものに問題がある。ディベートが用いている二項対立はあくまで議論を喚起するための手段である。ある争点を深く掘り下げ、議論する力を養うために、敢えて二項対立を設定して、その理由づけ、根拠づけを訓練する機会を提供するのがディベートである。ディベート活動において重視されるのは、あくまで理由づけであり、さらにエビデンス等による根拠づけである。意見を述べるときに、ただ独善的に自己の主張を言い張ることに終始するのは対話を拒否した姿勢である。ディベートでは、なぜそう主張するのか、理由づけることが肝要である。いわゆるアーギュメントがディベートのスピーチに欠かせない要件なのである。アーギュメントとは主張（assertion）、理由づけ（reasoning）、証拠（evidence）の3つの部分から構成される（Meany & Shuster 2002: pp.15-17）。

　ディベートのジャッジングにおいてもこのアーギュメントの根拠づけは重視されている（小西 2006）。日常的な説得や主張においても、何ら根拠なく

3．グローバル人材育成における英語ディベートについて

発信したのでは説得力を持たない。特にグローバル社会となって、以心伝心が通用しない現代社会にあっては、なぜそう言えるのかを根拠を示して主張することが肝要である。またそのために、発話をアカウンタブルにすることをディベート教育の目標の一つとして掲げることが求められている。

内田樹も三砂ちづるとの対談本の中でディベート批判を展開している（内田・三砂 2010）。二つのチームに分けて賛成、反対で議論し合うなんてナンセンスだとする。相手を論破するのではなく、大事なのは説得することだとの主張である。合意形成の技術は日本の伝統だとも述べている。

しかし、その日本は歴史問題で周辺諸国といかなる合意を形成できているのだろうか。英語力もおぼつかなく、以心伝心の中にどっぷりとつかってしまって、仮に合意形成の極意を日本人がもっているとしても、それが世界に通用しているようには見えない。会津藩伝統の「ならぬものはならぬ」が尊重される世界が国際社会大に広がっていると考えるのは誤りであろう。異文化的な世界であるからこそ、論理的に説得する必要がある。そのためにディベート的な手法を鍛錬することが大切なのである。授業で行うディベートは、相手を論破することが目的ではない。内田がその印象を超えてディベートを理解していない決定的な証左は、ディベートはジャッジやオーディエンスを両陣営で説得し合う知的ゲームである、との認識がない点に露呈している。相手の主張の弱い点、矛盾する点はもちろん指摘し合う。しかしディベートは相手を論破することが目的ではない（Meany & Shuster 2002: p.12）。そもそも役割として、それぞれの立場に分かれているのだから、野球やサッカーと同様に、試合を放棄する、あるいは不成立にしようとしない限り、相手側の陣営に立つことはありえない。それを前提に、ジャッジを説得し合うことで論理的説得の技能を磨くのがディベートの目的の一つである。

あるいは日本学術会議（2010）も、ディベート教育が望まれるわけではないことを次のように記す。コミュニケーション能力に関して、「他者との協働の能力を向上させることこそがコミュニケーション能力の目的（であり……中略……）公共的課題の発見とその解決においては、自らの価値

観や視点とは異なる他者との出会い、他者の価値観や視点を理解し、協働する能力が求められる。同時に、自らの意見を論理的に構成し、交渉を通じて合意を生み出す能力も育成されねばならない」(日本学術会議 2010: p.32) とする。

同会議は同時に、コミュニケーション教育が表現スキルの訓練になりがちであることに注意を促している。「コミュニケーション教育はいわゆるプレゼンテーションスキルや口頭での発表能力に尽きるものではない。なぜなら、コミュニケーションは一方的な情報伝達の営みではないからである。自らとは異なる意見、感覚を持つ人々と出会い、それを『聴く』能力こそが重要であり、その上で対話が可能になるのである。対話とは、それを通じて自らの意見や感覚が変容する可能性を秘めた営みであり、他者との出会い、違和感の経験こそが対話の出発点である。この点で、ディベートとは異なることが理解されるべきである」(日本学術会議 2010: p.32) として、敢えてディベートに言及している。「ディベートは、あるテーマについて、ゲームとしての論争を行うための訓練としては意味があるといえる。しかし、ディベートの前と後で必ずしも自らの見解を変える必要性のないゲームである。反対に、対話に勝ち負けはなく、そこにあるのは、理解の深まりであり、自己反省であり、他者への共感の発生である」(日本学術会議 2010: p.32) と特記する。

大学におけるコミュニケーション教育は、「可能な限り異なる背景、価値観、視点を持つグループによる討議や協働して行う活動を組み込むことが重要であり、他学部生、他大学の学生、社会人、留学生など、多様なメンバーでの参加型学習の機会を設けることが求められる」(日本学術会議 2010: pp.32-33) と結論付ける。

ここでのグループによる討議や協働して行う活動、また多様なメンバーによる参加型学習の機会とは、具体的に何が想定されているのだろうか。グループ・ディスカッションは文字通りグループによる討議であって、学術会議が期待する活動に含まれよう。PBL (Project-Based Learning, Problem-Based Learning) の実践もこれに該当しよう。それに加えて、敢

3．グローバル人材育成における英語ディベートについて

えて異なるとしているディベートこそが、こうしたコミュニケーション能力を高める最適な実践活動と言える。なぜなら、ディベートは個人戦ではなく、必ず協働の作業が加わるからである。学生が中心となる参加型学習の典型でもある。英語ディベートの大会を参観すればすぐにわかるように、留学生の参加も少なくない。日本における学術の最高機関である学術会議のディベート理解が、ここで示さている域を出ないのだとすれば、その理解不足を指摘せざるをえない。

他にもディベート批判はある。心理学者の榎本（2014）は、感情をむき出しにして怒り出す人、自分勝手な自己主張を遠慮なくぶつけるクレーマー、攻撃的な衝動があちこちで暴走し始めている様を、まるで欧米流のディベートを取り入れていることの負の事象の蔓延であるかのように捉えている（pp.10-11）。「ディベート精神により自己主張ばかりが強まり、相手の視点への配慮が失われて、日本特有の思いやりのコミュニケーションが欧米式の対決のコミュニケーションに取って代わられようとしている」（榎本 2014: p.12）と指摘する。日本特有の思いやりのコミュニケーションとは何なのだろうか。曖昧さと権威への黙従が奨励されるのなら、民主主義も人権意識も育たない。同質的な社会における以心伝心的なコミュニケーションを尊ぶとしたなら、グローバル社会とは正反対の、内向き日本社会を志向する言説となる。

ディベートに対するテクニカルな問題として、日本人にとって英語ディベートが難しすぎて、ディベートにならないとの批判については、浜野（2016）が段階的な実践の手法を説得的にまとめている。英語ディベートにより、論理的思考力、グローバルな社会問題に対する背景知識、主体的な活動、チームワークなど、コミュニケーション能力を総合的に獲得できる（浜野 2016: p.33）とする見解は、上のディベート批判に対して実践から引き出された反論となっている。

3.5 有用性を考察する概念枠組み
3.5.1 ディベートとアカウンタビリティ

　ディベートは自らの主張に理由、根拠を明示して説明する訓練を通して、アカウンタビリティを果たす能力を涵養することに通じる。また、同様に相手の主張がいかなる根拠に基づいて主張されているかを明確にする、つまり相手にアカウンタビリティを求める訓練にもなる。このことから、政府、官僚の施策にアカウンタビリティを求めることが民主主義にとって欠かせない要件となっている現代社会において、そうした技量を身につけるためにも教育の場で経験を積んでおくことが望ましい。ここでいう政府や官僚は、主権国家システムがなお支配的な国際社会にあって、基本的には'自国の'政府や官僚を指す。しかしグローバル社会の現実の中では、時にアメリカ大統領の主張に異議申し立てをする必要もあろう。国連安全保障理事会の作為不作為にアカウンタビリティを求めることも起こりうる。

　一国の政治社会システムに関しても、現在の市民社会が民主主義をささえるための素養として重視すべきはこのアカウンタビリティである。政府が透明性を欠くとき、情報公開に消極的であるとき、民主主義の主権者である国民は不十分な情報によって正しい選択をできない場合も起こりうる。全体主義国家がただ国民を国家の歯車として利用して、それが第二次世界大戦の惨禍を招いた事実を鑑みれば、アカウンタビリティの重要性が認識されよう。

　ところで青沼（2006）は、福沢を始祖とするディベートが代表具現的公共を補完する、言わばお上である公を支える議員やエリートのためのスキルでなかったかと問題提起する。今日においても社会の勝ち組を教育するための活動に堕す危険性が内包することを告発している。ディベートが詭弁を弄して相手を打ち負かし、蹴落とすための教育となっているとすれば問題である。民主主義の文脈でディベート教育の意義を正視するなら、明治期においてもむしろ福沢ではなく、民権結社の活動原理にこそモデルとなりうる理念があることが示唆される。民権結社の方が、人民が参加する

3．グローバル人材育成における英語ディベートについて

ことによってより良い社会へと変革を迫ることに役立つディベート活動であると見る。青沼は、ディベート教育が既得権益の擁護、現存社会秩序の中での勝ち組を育成する活動となってはいけないことに注意を喚起する。

ディベートがエリート養成のための道具であるのか、むしろ民主主義を深化させることにつながるのか、ここにも争点が提起されている。山脇（2004）は、自己と自己の内に取り込むことのできない他者との応答をとおして、人間存在を豊かにしていくとする論理を提唱する。自己の多次元性を認識・了解するとともに、「他者」の多次元性をも認識・了解し、さらに公共世界も、地球全体、トランス・ナショナルな地域協同体、国、地方自治体、宗教、学校等々というように多次元的にとらえていく世界観が醸成される状況を公共性の議論の中で展開する（山脇 2004: p.218）。それに与すれば、常に他者との応答を教育に導入する方法がディベートであって、それは公共性を基盤とする民主主義の成熟に資することになろう。

また中野（2007）の実証的研究は、パーラメンタリー・ディベートの実践が理由付けのスキルを獲得させ、それによって議論の構成が熟達化することを示す。敷衍して解釈するならば、パーラメンタリー・ディベートはアカウンタビリティ能力の養成に役立つことがここでも示されている。なぜなら、アカウンタビリティは、理由が明示された論理的説明によって高まるからである。

3.5.2　ディベートとクリティカル・シンキング

ディベートが涵養するであろうことを期待されている能力としてクリティカル・シンキングも看過できない。イエール大学学長のレビン（Livin）（2010）は、世界的な競争力を維持するためには、大学教育においてクリティカル・シンキングを涵養する必要があることを主張する。中国とインドは、世界でトップクラスの大学を国内に誕生させたいと考えているという。アジア諸国がポスト工業化・知識集約型のグローバル経済において成長を持続していくためには、高等教育システムのオーバーホールが必要なことを適切に理解しているとする。世界レベルの教育機関は、建設

的・客観的な批判的思考（クリティカル・シンキング）を持つ人材を生み出すことができている。日本が後れをとったのは、継続的なイノベーションができなかったから、換言すれば、創造性に欠いていたから、との見解である。アメリカの一流大学の試験では、二つの議論を分析し、自分の立場を示すように求められるとする。これはまさにディベートが鍛錬する分析手法である。

　クリティカル・シンキングの要諦は、「なぜ」と問うことである。また「なぜ」と問われたことに対して「なぜなら」と答えられる論理性を身につけることである。「なぜなら」と答えるために先行研究を学び、情報を得る。それがすべての学問の基礎である。こうしたことを習慣づける格好の活動がディベートである。

　現代社会においては、さらに別の視点から教育におけるディベート実践の必要性も高まっていることがわかる。池上彰は日本経済新聞の自身のコラムで、「ネット検索のわな」という自らの造語を紹介している。ネット検索では、たとえば「原発は危険」との観点から検索すれば多くの情報が集まる。他方、「原発は大丈夫」との検索でも、膨大な情報を得ることができる。こうした状況は、ネット検索による定向進化を起こす蓋然性が高いとする（池上 2013）。現在の若者は、新聞を他の世代より読まない傾向にある。また若い世代ほどインターネットに依存している。新聞の記事にも主張があり、もちろんすべて中立の立場をとっているわけではない。しかし、それでも民主主義を支えていると自負する言論の古参メディアは、視座のバランスにも気を配っている。たとえば政党への言及などにも一般的な新聞には公平性を保とうとの配慮が伺える。他方、インターネットでは、利用者が意のままに行う検索で、敢えて是非を両側面から集めなければ、ある方向性を顕著に増長する情報に耽溺する可能性を否定できない。こうした罠を防ぐための有用な手段は、クリティカル・シンキングを養成することである。そしてその伸長のための具体策として挙げられるのは、賛否両面をまず検討するディベートの実践である。

　2013 年 4 月 18 日の朝日新聞は、新聞、テレビ、インターネットなどの

3．グローバル人材育成における英語ディベートについて

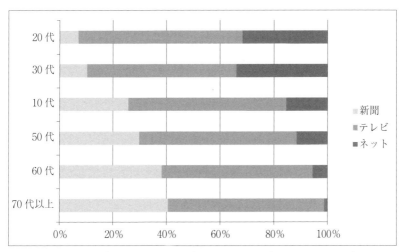

図3.2　メディアの利用状況（朝日新聞2013年4月18日より）

メディアの利用状況について全国世論調査を行い、その結果を掲載している（図3.2参照）。最もよく利用するメディアについて、20代、30代の若い世代はインターネットに依存する傾向が浮き彫りになっている。

　新聞に関連して敷衍しておけば、パットナム（Putnam）は新聞の購読を重視する。彼は市民協同体における市民性は、第一義的に公的諸問題への積極的参加を特徴としていて「公共問題への関心と公衆への帰依が、市民的徳の決定的な標識である」（パットナム 2001: p.105）と捉える。その際に、新聞購読は地域社会の問題に対する市民的関心の目安であり、新聞購読率を市民協同体を測る尺度とさえみなす（パットナム 2001: p.112）。あるいは、ベネット（Bennett et al., 2000）等も、新聞を含めた読書全般の読む習慣と、政治参加、民主主義的市民性との関係について例証し、よく読む人ほど政治的関心が高いことを実証的に明らかにしている。

　ここで気になる指摘がある。津田（2012）の「情報リテラシーが高い層は、新聞やテレビといった既存の伝統的マスメディアに否定的な人が多いとも言われる」（p.5）との一節である。大学生の就職活動とフェイスブッ

ク利用の現状について調べた石田（2012）も、ソーシャルメディアについて「10代で71.7％、20代で63.9％と若年層ほど利用率が高い」（p.15）と指摘する。また朝日新聞調査と同様に、やはりこの年代ほど新聞との接触率が低いことは、日本新聞協会の調査においても明らかにされている（表3.3参照）。

表3.3　新聞とインターネットに接触している人の割合（年代別）　　（％）

	新聞		インターネット	
	接触者	非接触者	接触者	非接触者
15-19歳	62.3	36.8	91.9	5.4
20歳代	70.7	28.7	93.7	4.7
30歳代	78.7	19.7	88.6	10.2
40歳代	90.9	7.7	81.6	15.9
50歳代	94.7	4.9	63.9	33.7
60歳代	94.3	4.7	33.1	61.6
70歳代	96.1	3.2	16.7	76.9

日本新聞協会（2012）『2011年全国メディア接触評価調査報告書』p.16を参照に筆者作成。なお無回答は割愛している。

　民主主義を支える市民の育成にとって新聞が果たす役割は大きいと捉えられてきた。他方でインターネットに接する若者たちは、他の年代とくらべて新聞を読まない傾向が顕著に表れている。将来の日本の民主主義に思いを馳せるなら、今の若い世代にディベートを教育の中でしっかりと実践していく必要性がより一層浮かびあがる。

　『議論法―探求と弁論』の訳者解題の中で井上奈良彦は、「議論法の現代的意義は、情報が氾濫する社会において受け手として批判的に情報を検証するとともに、送り手として検証した情報を提供するという責任ある行動の基盤となる技能の養成にあるだろう。論理的思考、クリティカル・シンキング（批判的思考）、メディア・リテラシーなどの名称で注目されている技能や訓練法に対応する。また、コミュニケーション技能の養成法とし

て、聞き手や場面に応じた戦略的な伝達方法を考えるという側面もある。ディベートはそういった技能の訓練として最も有効な手段の1つであると考えられる」と記している（ジーゲルミューラー、ケイ 2006: p. vii）。さらにジーゲルミューラー等（2006）は「本当に教養ある人とは、批判的に考える人である。そういう人は、情報を見つけ出し、それを厳しく検証し、複雑な問題に対する独創的な解決策をできるだけ幅広く検討する、ということが必要だとわかっている」（p.9）と記す。これらはディベートの実践こそはクリティカル・シンキングの涵養のために有用であるとの主張の展開と解釈できる。

3.5.3　ディベートと英語力

　田中（2007）は昭和23年の大学基準協会の人文科学部門委員会において、語学学習の必要と目的について次のような発言があったことを紹介している。「大学に於ける語学は高校と違って語学そのものに習熟させると共に英米の思想を徹底的に理解させる。英文学によって、デモクラシーとキリスト教およびアメリカの場合にはフロンティア開拓者精神を理解させる」（田中 2007: p.68）。英語教育が英語運用能力のみに限定されないこと、さらに言えば、限定されるべきでないことが指摘されているとする。これには敗戦直後のGHQの方針も反映されているのだろう。それでも、英語教育に英語の4技能を超えた内容が付与されている事実に注目しておきたい。

　田中（2007）はまた、1973年の評論家の平沢和重の言葉も引用する。「一昔までは、国際会議における日本人に『3S』という評判があった。―Silence、Smile そして Sleeping である。……（中略）……だが一方、英語などの外国語だけが達者で、日本人の間では、どうも評判の良くない人もいる。所詮、外国語を覚えるということは、ものまね、繰り返し、記憶、ということである。創造的ではない。そこで、人によって適・不適がでてくる」（p.101）と指摘して、ただ流暢な英語を話せば良いというわけではないことを主張する。より大事なことは、英語の発話に内容を持たせるこ

とにある。

　では、大学で内容あるスピーチを展開するための効果的な教育手法は何なのか。そこへと導く考察を田中はしていない。現在の英語教育のように、技能の伸長を目的として行うときに、発話の内容にまで踏み込んだ指導は簡単なことではない。

　高梨（2009）は「スピーキング力は、生徒が最も身につけたい技能であるが、教室での指導が最も困難な技能でもある」（pp.94-95）と指摘する。ディベートの実践はその困難なスピーキングに焦点を当てての実践活動である。論題に社会性を持たせれば、その活動そのものが話す内容を豊かにする。

　2013年4月の入学生から適用された高等学校学習指導要領の外国語編・英語編の中では、英語表現Ⅱにおいて、「発表の仕方や討論のルール、それらの活動に必要な表現などを学習し、実際に活用すること」とあって、ディベートの実践が想定されている。「共通点や相違点を整理し、論点をはっきりさせることである。さらに、使用される資料の信憑性や理由付けの妥当性を検証する必要もある」（文部科学省 2010: p.34）、との解説からは、アカデミック・ディベートの実践が想定されていると読み取れる。

　アカデミック・ディベートの実践の中で避けるべきは、スピーカーが用意してきた原稿を大変な早口で読み上げる状況である。あまりに早口では原稿を持たない聴衆には理解が難しいし、そもそもそのようなまくし立てるコミュニケーションの様式が好ましいはずもない。尾関（2010）は、この英語表現Ⅱで最も大事なことは、即興で話す練習である（p.97）とする。前もって話すことを準備したプレゼンテーションやディベートとは一線を画した活動の必要性を主張している。

　外国語能力の向上に関する検討会〔文部科学省〕（2011）は、小中高の英語教育を想定しつつも、コミュニケーション能力を育成するためには、講義形式の授業から、スピーチ、プレゼンテーション、ディベート、ディスカッションなどを取り入れる必要性を指摘する。国際的なディベート大会への参加を促すべきとの主張もある。これはディベートへの関心の高ま

りを示唆するものの、実際にどのようなディベートを行うことが効果的であるのかについての見解を示してはいない。アカデミック・ディベートかPDか、いずれにせよ、どちらもそのままの形で授業に取り入れることは困難である。

同様なことは、徳永・籾井（2011）のグローバル人材論についても言える。同書では、大学におけるグローバル人材育成に関する指標の一つとして「ディベートやプレゼンテーションについての訓練をさせるような授業を推奨しているか」（徳永・籾井 2011: p.172）が挙げられている。さらに企業からの要請として、学生の主体的な参加が求められる少人数クラスの実施、ディベート等の訓練ができる授業を期待する声が多い（p.177）とする。「企業は単にTOEIC等での高いスコアを取得することよりも、英語で情報発信をすることができる『アクティブ』な英語力をもとめている」（p.169）のである。このようにディベートの実践が推奨されてはいる。しかしここでもその具体的な形態には踏み込んでいない。

ディベートの型を含め、文科省も具体的にどのようなディベート活動を展開すべきとするのか、整理が必要である。より広い教養を身につけることを課題とするとき、また英語力の伸長を企図するとき、大学の授業においては、一足飛びに純粋に即興型のPDの実践はハードルが高い。筆者自身の英語ディベート実践教育活動においても、サークル等で日頃から鍛錬していない通常の学生による即興の英語ディベートでは、1分間もスピーチが続かないラウンドが続出した。実践として行うためには1週間前に論題を発表する形式が実際的である。

3.6　背景にある危機感

グローバル人材という言葉が登場する前にも、"国際"人という言葉は多用されていた。それは、"グローバル"化が世界で大きな潮流となっている現在において"グローバル"人材が使われていることと類似して、"国際"化のブームと時を一にしていた。では、この両者に差異はないのだろうか。国際化とは、いわば日本が経済力を増強させることで、ジャパ

第Ⅰ部　グローバル人材と英語ディベートをめぐる概念的な議論

ンアズナンバーワンと喧伝されて、世界の中の重要なパートナーとして認識される中での日本におけるブームであった。この時期は、日本がモンスターの時代であったとも言われる（白石 2016）。他方グローバル化は、先進国も途上国も新興国も巻き込む、いわば世界大の流れであることに差異がある。

　矢野（1986）は国際化を論じて、「固有のアイデンティティーをもった一国民ないし一民族を、もっとも摩擦の少ないかたちで、国際的に定位させるための努力」（p.160）である、とそれを定義した。これはまさに日本を、欧米的国際社会に定位させようとする当時の日本が抱えた事情を反映した国際化であった。

　実際、国際社会とは何かを問うて Gowers（2002）は、結局それはアメリカとヨーロッパである、と記した。このような認識の下では国際化はすなわち欧米化を意味した。日本の国際化も欧米的価値観の中に自己のアイデンティティを守りながらの自らの投入が問題となっていた。

　市民社会レベルの世界の中の日本の問題点として、山本（2000）は、国際会議において日本人の影が薄いと指摘した。政策論議を英語で行える学者が少ない。議論で世界と伍しうる人材の育成が肝要であるとの主張であった。これは現在のグローバル人材論の問題意識と共通する。そしてこの危機感が、中国や韓国の台頭を受けて、グローバル化が欧米化を意味しない、文字通り世界大の経済的に熾烈な競争に直面している中で、日本人の英語力、若者の内向き志向の問題をクローズアップさせている。

　"内向き"を語句として国会会議録を検索すると、国会の中で、ゼノフォビア的な若者が存在すること、また日本の社会全体が内向きの傾向にあるとして警鐘を鳴らしたのは、参考人として登場した姜尚中の 2001 年 3 月 22 日の衆院憲法調査会においての発言であることを確認できる。そしてより明示的に「若者もこのごろ内向きの日本人が多いから」とした発言は 2009 年 3 月 13 日、衆院の外務委員会、三原朝彦の発言にある。2010 年を一つの画期とする"グローバル人材"とほぼ同じ時期にこの問題が顕在化し、社会的認知も進んで現在に至っていることがわかる。

3．グローバル人材育成における英語ディベートについて

　日本の英語教育の問題点についても国会で少なからず言及がある。これまでさまざまな改革が図られつつも、英語力向上に結び付く十分な効果を上げられてこなかったことは、日本の現代史の一つの断面であろう。国際的な比較でしばしば取り上げられる TOEFL についてみれば、国会において、既に 1981 年 4 月 10 日に言及がある。衆院文教委員会において小杉隆は、106 か国中 85 位であったこと、またアジアにおいてもマレーシア、フィリピン、パキスタン、さらには韓国、中国よりも点数が低いことを指摘した（国会会議録 1981）。

　経済同友会（2013）は、以前は基礎的能力を「読み・書き・算盤」と言っていたが、現在は「読み・書き・IT・英語」であると指摘する。同時に TOEFL の国別ランキングで日本は 163 か国中 135 位、アジア 30 か国中 27 位であることを紹介する。さらに、韓国と日本の TOEFL の成績の推移と貿易総額に対する GDP 比の推移を図示し、グラフがほぼ同じ形状をしていることを明らかにした（経済同友会 2013:p.5）。

　日本人の英語力が伸びないことが、事実上、英語が世界のビジネス標準語となっている中で、日本の国際競争力の足を引っ張っているとの経済界の実感が表れている。そうした認識が国際競争力においても韓国の後塵を拝することが多い現在、韓国を超える英語パフォーマンスの実現を希求する所以ともなっていよう。韓国の一流企業が TOEIC で新入社員に 900 点を課しているとの情報は、国会でも話題になった（国会会議録 2010）。

　読売新聞 2013 年 5 月 29 日の社説は、中国や韓国、台湾では、小学 3 年から英語を教えていることを紹介する。大学教育に関しては、グローバル化の遅れは危機的状況にあって、英語を使った講義を増やすなど、取り組みが欠かせないとする（小学校の英語 2013）。経済産業省（2011）「産学協働人財育成円卓会議（参考資料 1-3：関連資料・データ集）」は、スイスの IMD（International Institute of Management and Development）が発表している世界競争力ランキングで、日本が「外国語のスキル」の項目において調査対象 59 か国中 58 位であったことを示す。

　国際化が議論されていた時代、それは日本が米欧から、特にアメリカか

ら異質であると見られることによって生じる不利益を払拭することを課題としていた。米議会で東芝製のラジカセがハンマーでたたき壊され、デトロイトで日本製の車が地中に埋められた。その図式を単純に描けば、アメリカを中心とする世界秩序に新参者として敵対視されないための工夫を自らいろいろ考えることが、国際化と等号で結ばれていた。もちろん、日本の主張をアメリカにわかってもらうために英語力は欠かせず、アメリカをよく理解するために、またそうした日本国内におけるアメリカの絶対的影響力を背景に、アメリカに留学することも上昇志向の若者にとっては意味のあることであった。

　そうした国際化の議論と比べるなら、グローバル化は当初やはりアメリカが主導していたとみなされた。しかし次第に勢いを増して世界を覆うことになったグローバル化は、かつての国際化のように単純にアメリカとの摩擦を減じることがそれへの対処に収斂し得ない現象である。フリードマン（Friedman）はグローバル化を「黄金の拘束服」と称して、インターネットが世界大への広がりを見せている中で、不可避の世界的潮流と見る。それを着ようとしなければ、単純に世界の中で負け組となる世界を描いた（フリードマン 2000）。アメリカ主導のグローバル化の自己擁護に響かなくもないが、アメリカ自身を含めて、これに乗ってゆくしかない流れだとの主張である。そこでのコミュニケーションの共通語は英語であると解して良い。経済的成功の現実を鑑みれば、グローバル化の中で影響力を保持しているのはアメリカであり、EUであり、中国である。そしてサムスンに代表される企業力が顕著な韓国である。英語はグローバルなマーケットを相手にするときに欠かせない。国際化の時代よりも、グローバル化の時代の方が、日本としての危機感は大きいかもしれない。それは英語力の現状と内向きに顕在化している現象ゆえである。

　日本人の英語力の問題は長年の懸案である。中学から高校、さらに大学を含めて10年間も勉強していながらさっぱり話せるようになっていない。半ば自嘲気味に英語教育の問題、入試の問題を含めて言及されてもきた。それでも切迫した危機感となっていなかった背景には、日本語と英語

の言語の違いという意味での距離が大きいがゆえに、その不出来も仕様がないこととする甘えがあったと想像される。しかし、日本語ときわめて近い言語であるハングル（高梨 2009: p.15）を用いる韓国人の英語力が、さまざまな英語試験で日本を上回る成績となって示されている。韓国のグローバル人材育成の実態を論じた岩淵（2013）は、20年前は両者の英語力はそれほど変わらなかったこと、そしてそれが現在では明らかに韓国が勝っていることを記す（p.32）。韓国と日本が競合する産業分野が多くなってきた中で、グローバルに展開する企業が日本企業の苦境と反比例して業績を伸ばしていることで、英語力の劣位を看過できない状況が生まれている。

　グローバル人材を巡っては、日本人としてのアイデンティティが重視される。英語を話すのみで、日本のことを何も知らない日本人が数多く生まれてしまうことに対する心配である。しかしこの懸念は、日本人が世界に出かけて諸外国の人々と接触する機会が多く持たれればむしろ、払拭されるものであろう。国内にいるのみでは自己を客観視できない。しかし外に出て、他者から日本人として認識されてはじめて日本人としてのアイデンティティは強固になろう。大庭（2000）は、自己のアイデンティティの認識は他者もそれをそのようなものとして認識しなければ意味を持たないとするダブル・コンティンジェンシー（double contingency）の状況を説明している。いわばアイデンティティの間主観的認識が不可欠であるとの主張である。そうした他者とのやりとりは、言語の違いを超えてなされなければならない。英語が世界共通語の現在、そうしたアイデンティティの確立のためにも、英語は欠かせない。

3.7　今後の課題―おわりに代えて―

　イノベーションのために、日本が世界の中で存在感を発揮するために、英語力を伸ばすために、大学における英語ディベートの実践が求められる。厳しいグローバルな競争の中で、企業にはかつてのようにOJT（On-the-Job Training）で人材を育成する余裕はない。また中国や韓国の台頭の中で、これら両国の学生に劣る英語力を看過できる状況にもない。ではど

う日本人の英語力を伸ばしてゆけば良いのか。

　本節はここまでグローバル人材と英語ディベートの概念的交錯点を議論してきた。しかしながら、実際に英語ディベートの実践がどの程度の効果を生むのか、本論第2部のアクション・リサーチの課題である。ここではそうした検証の土台となるべき概念的な枠組み、つまり、アカウンタビリティ、クリティカル・シンキング、そして英語力と英語ディベートの密接な関連性について提示した。この3つは、グローバルに民主主義を支える人材として伸長を期すべき能力であり、現在の日本の大学に課されたグローバル人材育成の眼目である。

4．ディベートとプラグマティズム

4.1 「わからない」からの脱却

　本論は、プラグマティズムの可謬主義に基づいたディベートの利点も考慮に入れている。可謬主義とは、「有限の存在である私たちの意見あるいは信念は、つねに誤りを含むものであることを認める」(魚津 2006: p.333)立場である。いかに自らの意見、信念が確固としたものであっても、そこに絶対的なものはない。もし誤りなく完璧に物事を判断できる人間がいるなら、その賢人が政治を行えば、民主主義など必要ない。議論の場なども無駄である。与党と野党で議論を戦わせてより良い選択を模索することもないだろう。しかし現実は、そうでないからこそ議会が大切で、活発な議論を繰り広げることが民主主義を支える一つの方途になっている。絶対的な見方ではなく、政治の中ではむしろ多元的な意見が存在することを認識しておきたい。ディベートはまさにそうしたことを学ぶ場として意味がある。

　プラグマティズムについては、3章3節で言及した宇野（2013）の主張にあるように、民主主義的な社会の実現のためにあらためてその意義が評価されている。プラグマティズムの可謬主義は大学教育の場でどのように実践してゆけば良いのだろうか。本書の立場は無論、ディベートこそがそのための教育活動として有効であると捉えている。自分と異なる見解に真摯に向き合い、対話を重ねうる土台を教育の機会を通して固める。そうした人材が社会に輩出されるとき、対話を重視した建設的批判に基づくイノベーティブな環境を生み出しうる。

　社会科学領域の大学教育においては、現実の政治の場で深い亀裂を生ん

第Ⅰ部　グローバル人材と英語ディベートをめぐる概念的な議論

でいる問題についても積極的に取り上げる必要がある。大学がそれをせずに、いかなる場で市民はそれを行いうるだろうか。しかし社会における対立が大きい問題であればあるほど、それをどうとりあげてゆけば良いのか難しくなる。例として、2014年7月に安倍政権が行った集団的自衛権の行使容認に関する授業を想定してみよう。教える側には当然賛否があるだろう。しかし、頭から、自分の主張を学生たちに吹聴するだけでは異なる立場の学生の反発を買うだけである。だからといって、素通りしてよい問題ではない。亀裂の大きい問題であればあるほど、大学教育はそれを教室で取り上げて、活発な議論の展開を可能にする場所としなければ民主主義の基盤を作り出す教育とはならない。学生のなかには、どちらの側に立てば良いのかわからず、「わからない」との答えに安住の地を求めることもあるかもしれない。「わからない」まま、それ以上考えることを放棄してしまうことも起こりうる。どちらの側についても必ず反発はある。争うことを好まない性向から「わからない」に逃げてしまうのかもしれない。日本社会では、反論自体を歓迎しない空気、「和」を保つことが求められる価値観（鳥飼 2017: p.96）がなお根強いとも言えよう。浅田（2015）は「私たち日本人はともかく丸く収めようと、みんな考えます。和の国ですよ、日本は。国土が狭くて人口が過密であるということがもともとの原因でしょう。しかもよそ者のやってこない環境ですから、同じメンバーで二千年も、稲作を中心にした農耕生活を続けてくれば、仲間うちの和を乱さない文化が出来上がります。（改行）私たちほど、たがいの諍いを嫌う民族は世界でも稀でしょう」（p.138）と記す。反発されるよりは、あえて意見を言わず、沈黙する。あるいはそうした問題を考えることそのものを放棄する。しかしそれでは主権在民の民主主義は成り立たない。

　集団的自衛権の行使容認という日本の針路を大きく変えかねない問題について、「わからない」との結論のもと、考えることを国民が放棄するとき、つまりそれは民主主義の危機となる。そうした「わからない」という姿勢を打ち破るために、また難しいからこそ考え続け、忌憚なく意見をぶつけ合う環境を作る。その方法として授業ディベートの実践が有用であ

る。集団的自衛権の行使容認の賛否を問うディベートにおいて、ディベーターたちはどちらの側に立つかわからず、それぞれの立場について考察しなければならない。この段階で独善的な態度で一方のみの主張に与することはできなくなる。自分と異なる意見についても主張しうる根拠を考える必要がある。

　また授業ディベートの実践においては、ラウンドの後で、あらためて自分はどちらの側を支持するかのワークの時間を設ける。「本来の自分の考えと異なる立場でディベートをしたためにやりづらかった」とのフラストレーションはこれにより解消できる。いずれにせよこれは、9章6節で詳しく見るように、可謬主義を認識しながらの教育活動の展開である。逆に言えば、可謬主義を前提とせずして、社会的に亀裂の大きい問題を取り上げることは危険であり、困難である。

　山中は現代の代表的プラグマティストであるローティについて次のように記す。ローティのプラグマティズムは「知識や理論を基礎づける確実な基盤や、永遠の本質は存在しないと主張する」(山中 2007: p.69) ものである、とまとめている。また柳沼の研究を援用しつつ、「ローティの主張するプラグマティズムとは、科学や哲学における『基礎づけ』や『確実性』が検証不可能で間違い得ることを認めながらも、個人がその都度、特定のコンテクストの中で世界に対し影響力を持って行動できると考える。このような意味でローティの主張するプラグマティズムは、ポストモダン特有の悲観的で懐疑的なビジョンを克服し、創造的で社会的な知性を用いて希望ある改革を建設的に推進し得るものとして、一定の評価がなされているのである」(山中 2007: p.69) と述べている。ディベート教育は、政治的な政策の選択を、国民主権の目線で、自らの意見をたとえ確実な知識に基づいていないとしても、果敢に表明することを促す。「どちらでもない」として判断を避けることは、むずかしい社会の争点を考えることすら放棄してしまうことにつながる。教育の場では、可謬主義に基づき、今、どう考えるかを忌憚なく表明する場を提供することが肝要である。

4.2 民主主義を支える市民の育成

　英語教育と民主主義教育を結びつける議論が一般的なわけではない。英語はあくまで英語、民主主義は社会科学的な領域の事項である。しかし、英語を学ぶ必要性は、明治以降になって優れた科学技術を欧米から急ぎ吸収する必要にせまられたことのみに帰すことはできない。中江兆民が、民権的な改革を日本において実行する必要性を痛感したように、第二次世界大戦における敗戦を経て、社会の民主主義的発展のために、世界のなかで名誉ある地位を占めたいとする理念実現のために、ひいてはより平和な世界に貢献すべき立場からも、英語は欠かせない道具となっている。鳥飼 (2016) はグローバル市民という言葉を用いて外国語学習と平和の結びつきを説く。グローバル市民とは、①自らの「アイデンティティ」を持っていること、②「異質性に寛容」であること、③ことばを通して他者と関係構築ができること、④「教養人」であり、かつ「専門性」を持っていること、という4つの条件を挙げる（鳥飼 2016: pp.51-52）。英語教育の方向性として、他者理解へ向けてのコミュニケーション教育がその目的であることを指摘し、地球社会に貢献することを強調する（鳥飼 2016: pp.51,57）。

　民主主義の危機と教育を論じて松下 (2010) は、熟議民主主義と闘技民主主義を合わせ、対話民主主義として教育の場におけるその実践を推奨する。この論稿においてもプラグマティズムの民主主義論の影響が見られる。松下の対話民主主義は「異他的な生き方や考え方と出会ったとき、特権的な＜存在＞や客観的な＜真理＞や確実な＜知識＞に寄りかかって一方的に切り捨てたり、安易に自らの同類とみなしたりするのではなく、その異他性についての理解を深め、自らを批判的に捉えなおすことによって、両者が共有できるものを新たに創造する試みであり、あるいは「刺激的で実りある不一致」を保持しつつ共生するための「会話」(conversation) を続けようとする試みである」(p.201)。

　松下 (2010) はさらに、「対話とは、異他的な他者同士が互いに相手の見方・考え方に耳を傾けることによって、相互に自己変容を遂げていくことである。その意味で、対話とは人間の成長（原著傍点）にとって本質的

4．ディベートとプラグマティズム

に必要なものであり、対話の喪失は成長の困難へと必然的につながっていく」(p.202) とする。松下によれば現在の教育は、学習者を一定の目標地点へ導くための＜教育＞であり、学習者が互いに他者や異者であることは必要ないばかりか、むしろ克服すべき事態になっていることを指摘する (p.202)。できれば他者や異者など最初から少ない方が好都合であり、そのほうが教育の効果・効率性も高まることをその理由とする。

さらに松下 (2010) は、こうした「＜教育＞にどっぷり浸かって、他者と対話しないことを習い性としてきた人々にとっては、討議に参加しようという意欲をもつこと、すなわち対話しようとする姿勢で人と向き合うこと——そのことは饒舌とか議論下手とは関係がない——それ自体がそもそも非常にハードルの高い課題となる。今日の日本では、これは若い世代を中心にかなり進行している事態ではなかろうか」(p.204) と問う。

この指摘は、3章で紹介した吉川 (2008) の大学教育における Debate の必要性を訴える前提と一致する。吉川 (2008) によれば、近時の新入社員は意見を言わず、反論もせず、主張をせず、議論を突き詰めない、まるで他に興味がないかのように他者と深く触れあおうとしないと指摘していた。

大学教育の場で、民主主義の基本である他者との議論をしっかりと行う環境の設定が求められている。松下 (2010) の論稿に戻れば、「今日われわれがデューイの教育論＝民主主義論から学ぶ必要があるのは、根源的な民主主義と根源的な教育とが理論と実践の両面で内在的に結びついた、教育および民主主義の概念を構想することではなかろうか」(p.210) と問い、「対話民主主義の実践が同時に教育であるような教育と民主主義の概念を構想することである」(p.210) と主張する。松下はディベートの実践を主張しているわけではない。しかし具体的にそうした教育を行う手法を思料するならば、仕掛けとしての性格は強いが、まずは教室の中でディベートを実践してみることが挙がる。今日的に議論が展開する政治的争点を論題とするなら、まさにそれは政治学と教育学の連携と協働（松下 2010: p.210）が展開される場と言えよう。

5．国際政治学科における英語教育 [14]

5.1　国際政治学科の中でのディベート

　筆者のディベート教育の実践は、国際政治学科の少人数教育の場においては特徴的な取り組みであった。ステップアップしていく階段に例えるなら、1年生は始めのステップとして半年間の日本語ディベートを実践する。スピーチの時間は短く、せいぜい3分の時間を割り当てているのに過ぎない。それでも日本語による授業ディベートの実践が学生達にとっての英語によるそれへとスムーズに移行できるようになることを企図した。それにも拘わらず、続く2年目に継続してディベートに挑戦する学生は実はそれほど多くなかった。せいぜい20人中5人がいわゆるリピーターの数である。なぜこちらの狙い通りに多くの学生の関心を引き寄せられなかったのか。それは、本書第Ⅱ部で明らかにするように、授業ディベートに参加する学生の学習時間の負担が一因であろう。講義科目などと比べて、多くの時間をかけて準備しなければならない負担感が、履修者数の少なさの要因だと捉えられる。この問題を克服するには、履修を課すようなしばりをかけるか、それが出来ない場合には、授業の準備は大変だけれども力がつくことを学生たちにアピールすることしかない。本書も、力がつくことを実証的に示して、そうしたアピールの一翼を担うことを企図している。

　アクション・リサーチの対象学生の主たる専攻は国際政治学である。英

---

[14] 本章は拙稿（2011）「大学専門教育のための英語学習における授業ディベートの効果——国際政治学科教育を事例として——」（名古屋学院大学修士論文）に基づき、大幅に加筆修正している。

語による授業ディベートも主に大学における専門教育のゼミの中で実践してきた。いわばここでの英語教育は明確な専門科目を背景に持っている。そのことを斟酌するなら、ここでの授業ディベートはESPの性格を有していると言える。

もっとも、国際政治学という学問分野自体がきわめて学際的であり、世界の情勢変化にも左右される時事的動きと密接に関わっている。その専門領域としての性質が、アカデミック・ディベートよりもPDの要素をより多く取り入れたことに関連している。医学や法律学のようにディシプリンとして厳格に専門性を峻別出来る領域ではない。しかし、その曖昧さこそが複雑な社会とこの学問領域の密接な関係性を示している。社会科学の存在意義は社会の良識を支えるための理論的支柱たりうることである。法律学であれば、なぜルールが必要で、それを守る必要があるのか。また守っていると言える線引きはどこに存するのかを考察している。政治学は現在の政治の問題を抉り出し、より良い社会統治のあり様を常に考えている。ディベートは論題を果敢に設定し、その要請に真っ向から答えようとする。まして国際政治学は学問としての対象領域が世界である。だからこそ世界の共通語、英語を介してディベートする必要がある。

ESPとしての授業ディベートを考察する視座として、授業実践における専門教育それ自体の状況についてもここで付言しておきたい。筆者が国際政治学科における基幹科目として国際政治学を担当するようになってから既に20年近く経過した。どの学問領域にも必読論文が存在する。国際政治学の場合、近時の学問的発展に寄与したそうした論文を挙げれば、Doyle（1983）の民主主義平和論、Price and Reus-Smit（1998）のコンストラクティビズムの事例研究などがある。これらを収録したリーディングズが国際政治学の第一人者、猪口孝監修によって出版された。原典はどれも英語の重要論文でそれらを邦訳して1冊にまとめた本である。定価も8,000円と高く学部学生には負担も大きいかと躊躇したが、収録されている重要論文の数々の魅力に抗しきれず、2006年度後期、9月から半年間の授業のテキストとして採用した。しかしこの判断は誤りであった。国際

第Ⅰ部　グローバル人材と英語ディベートをめぐる概念的な議論

政治学理論の最先端論文を学部学生に教授することは困難を極めた。プラグマティズムの哲学者、ローティ（Rorty）であれば疑いなくジャーゴンと呼ぶ高度に専門的な語句が随所にちりばめられていた。しかも第一人者監修の専門書ではあったが、時に誤訳が入り混じっていた。一例を挙げるなら、原文においてイタリックで強調されている次の箇所の問題が大きい。……*secure liberal states have yet to engage in war with one another* (Doyle 1983: p.213) を「自由主義を堅持する国は、互いに戦争を行わなければならない」（猪口 2004: p.127）と傍点入り[15]で翻訳している。拙訳を試みれば、「自由主義を堅持する国は、互いにまだ戦争を行っていない」とすべきである。原典筆者が特に重視した、論文の中心的な主張が全く逆の意味となってしまった例である。正確にテキストを読むためには英語力は欠かせない。さらにこの専門分野の特性として、英語で諸外国の人々と討論する機会も多いとなればなおさらである。国際政治を専門とするなら、英語は必須である[16]。

5.2　社会科学の使命としての良き市民の育成

　国際政治学の学部専門領域として、またその他の社会科学の専門教育の現実についても加味すべき観点がESPについて浮かび上がる。国際政治学専攻の学生達にとっての専門性は、実は新聞やテレビで繰り広げられる国際問題に対する論評とあまり変わらない。またそれは法曹や研究職、エコノミストなどを目指す一部の学生を除く、一般の多くの法学部や政治学部、あるいは経済学部に学ぶ学生達にとっても、共通する特徴となっている。言葉を換えれば、こうした学部の専門教育の主要な目的の一つは、職

---

[15]「自由主義を・・・ならない」のカギカッコ内すべてに傍点が付されている。原文がイタリックで強調していることを表そうとしているものと解釈できる。

[16] 翻訳の難しさによる誤訳は筆者自身も免れない。アレクサンダー・ウェントの名著の序章をかつて翻訳したことがある。鍵となるidealismを理想主義と訳してしまったが、これは観念論としなければならなかった。専門知識と英語を常に磨き続けなければならないと自覚する筆者自身の教訓である。

業と直結する知見の修得というより、民主主義社会を支える良識を身につけた、良き市民の育成にある。

つまり民主主義社会を支える市民性の醸成が国際政治学教育の目的となるのである。地球的な規模の諸課題に果敢に取り組む市民の育成も含まれる。英語による授業ディベートがこうした目的にどの程度役立つのかを考察することこそ、ここでの国際政治学と ESP の接点になる。

ではこれまでの ESP 研究の中で、国際政治学や国際関係論の中での英語学習に言及した研究はどれだけあるのだろうか。学術論文のデータベース、サイニー（CiNii）による検索では、2017 年 9 月末の時点で見つけることはできなかった。他の学問分野、たとえば医学関係や技術関係における研究の蓄積は着実になされている。社会科学においてはわずかに経営学部と ESP 教育に関する議論が目立つ程度である。

笹本（2010）によれば、ESP 概念の導入は 1991 年の文部省「大学設置基準の大綱化」が嚆矢である。確かにここで一般教育の改組と専門教育を担っていた教養教育の教員達が学部に分属された。そしてこれまでは英文学や音声学など、英語学以外の専門分野においては専門性が過ぎるとみなされる学科目の英語教員達が、否応なく法学部や経済学部に所属することになったのである。英文学の専門家に、法学部所属の教員であるのだから、法学部と関係した英語教育を行うようにいきなり求める。混乱と悲喜劇が繰り広げられる素地とも言える改革が断行された。

では、国際政治学を専門とする日本の大学教育において、ESP としての英語教育はどのように実践されうるのか。この点を考える上で、著名な国際政治学者が日本における大学教育で、何を重視したかを知る興味深い事例が二つある。一つは中嶋嶺雄の例である。もともと東京外国語大学で国際関係論を教えていた。著名な書物として、『国際関係論』[17] がある。国際政治学と国際関係論の違いについては、後者が政治経済、文化を含めてより広い領域を扱っているとの解釈もある。しかし、日本国際政治学会

---

[17] 中嶋嶺雄（1992）『国際関係論』中公新書。

第Ⅰ部　グローバル人材と英語ディベートをめぐる概念的な議論

の英語名が Japan Association of International Relations ということから分かるように、実質的な違いはないと考えてかまわない。実際、国際政治学の講義においても、相互依存状況などの経済的側面、文化をめぐる国際関係などを取り上げるのはごく普通のことである。

　さて、中嶋嶺雄はこの著書で、国際関係論の特徴として学際性、多専門性を取り上げている。専門自体の特質が広い研究対象領域と、それに対する多様なアプローチである。そこでは学問的関心自体が現代の時事的問題と密接にかかわり、新聞が取り上げる問題と共振していると言っても過言ではない。そもそも国際政治学を学ぶための ESP は、国際政治学のこの特徴ゆえに、時事的問題と強い結びつきがある。

　その中嶋嶺雄は国際教養大学の初代の学長を務めた。この大学はすべての授業を英語で行うことにして、一躍有名になった大学である。さらにその特徴を付言すれば、教養の名前が冠せられていることにある。国際政治の専門性とは、教養豊かな国際人の育成でもあること、つまり良き市民を世界の中に送り出す教育の実践である。

　次の例は、これも比較政治学・国際関係論を専門とし、日本国際政治学会の理事長も務めた猪口孝の場合である。上では誤訳が見られた監修者として紹介したが、その彼も故郷の新潟県立大学の学長に就任し、語学力やグローバルな視野を持った国際性を大学の実現すべき目標の柱の一つとして掲げた人である（猪口 2009）。2010 年 10 月 28 日の NHK 総合の番組「視点論点」において猪口は、「内向き日本にさようなら」と題して、日本だけでしか通用しない専門知識の限界を指摘した。英語は当然必要であり、狭い専門知識を超えたグローバル社会で通用する力量を若い人々は持たなければならないと力説した。大学の授業は、80 パーセント位はすべて英語で行うべきであるとも述べている。二人に共通することは、何よりも英語力の重要性、必要性を説き、狭い専門的知識よりも、グローバルな視野をもった豊かな人間性の涵養を重視する姿勢である。

　他方、筆者が対象とした中国地方の中規模私大における国際政治学科と英語教育の実践の状況はどうだろうか。カリキュラムを見る限りにおいて

は、必ずしも充実したその展開を確認することはできない。打開策の一つは、英語の授業ディベートである。それが本書の主張である。その具体的な考察を始める前に、まず専門教育とESPについてもう少し掘り下げておきたい。

5.3 専門教育とESP

上でも触れた笹本 (2010: p.33) の研究は、次の言葉で締めくくられている。

> ごく一部の大学においてのESP英語教育の実践成功例が、ただ単に優秀な学生たちだから可能であるという理由から特別視されるのではなく、明確な外国語教育目的に沿って、展開されているあるべき語学教育プログラムの在り方として参考にされ、より多くの大学での英語教育が改善され、よりよき教育成果を生み出すようになることを望む。

笹本の研究は、経営学部という枠との関連を探る議論だが、主張の要旨は「外国語教育の意義は、母語以外の語学を学習することにより、母語を共有しない人びととの意思疎通を促進すること、つまりコミュニケーション能力の養成と、異文化理解に対する気付き・認識を促すことであろう」(笹本 2010: p.26) との記述に込められている。ここに国際政治学と経営学で差異はない。ESPに限らず、この見解は語学教育全般にもあてはまることだろう。しかしながら敢えてESPの議論として注目しておきたい理由は、コミュニケーション能力を高めるためにこそ、国際政治学の学びが役立たなければならないからである。国際政治学の専門科目としての性格からさらに、学生の異文化理解に対する気付き・認識を促す必要性も浮上する。これこそはまさに、英語教育と国際政治学教育がタッグを組んでこそ成し遂げられる目標である。

第Ⅰ部　グローバル人材と英語ディベートをめぐる概念的な議論

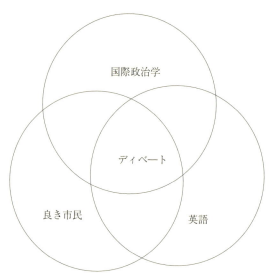

図 5.1　ディベートと国際政治学、良き市民、英語学習との重なり

　図5.1は、ディベートと＜良き市民、英語、国際政治学＞との結びつきを示してもいる。ディベートは良き市民の養成に役立っているのだろうか。政治参加と市民教育を特集した日本学術会議の『学術の動向』の議論を見ておきたい。ドイツにおける若者の政治教育を近藤（2009）が論じている。ドイツの政治教育の基本原則は次の３点に要約されるという。第一は「圧倒の禁止」である。教師には、生徒を圧倒し、生徒自らの判断の獲得を妨げることがあってはならない。第二に、「論争のあるものは論争のあるものとして扱う」。この方針は、授業ディベートが日々変化する社会、国際社会のあり様を見つめているだけに、関連性が深い。そもそも非民主主義国家においては、論争は論争として存立しない。近藤が第三に挙げるのは、「個々の生徒の利害関心の重視」である。政治的状況と自らの利害関係を分析し、自らの利害関心に基づいて所与の政治的状況に影響を与える手段と方法が追求できるようにならなければならないという。

　民主主義を支える市民を教育によって生み出していくためには、自立し

た思考を持てるように促す必要がある。その点で、第一の「圧倒の禁止」の意図は理解可能である。第二のポイントについては、まさにそうした論争こそをディベートの授業は論題として取り上げている。政治に参加するということは、政治について自らの判断を下すことに通じている。難しい争点に関しても、民主主義社会である以上、市民は傍観者でいることを許されない。論争を論争あるものとしてまな板にのせ、それを料理するための道具についてはディベートによって使い方を身につけていけるはずである。

第三の生徒の利害関心についてはどうだろうか。政治への当事者としての関わりを意識づけ、参加しなければ他者が自らの利害に関わることについて決めてしまいかねないことに鋭敏であるべきことは理解できる。ステークホルダーの関与は必須である。しかし社会の一員として、時に自らの利害とは必ずしも関わらないことにも賛否を問われる場面は当然にある。その点を考慮に入れるならば、この第三のポイントについては全面的に首肯できるわけではない。

以上のことから、国際政治学の専門教育の場における英語教育は土台として次の視座を有しておくべきである。つまり培われる専門性は民主主義を担いうる良き市民としての良識である。しかもそれは排他的な一国主義ではなく、国際的な相互理解が理念として当然含まれていなければならない。筆者が英語の授業ディベートを実践する中規模私大の専門教育は、こうしたアプローチが適切であり、過度に専門性を高めても学生との問題意識の乖離ゆえに効果的な教育とはならない。

英語教育は上記に照らして、国際的な問題について国境を越えて話し合っていこうとする姿勢を涵養することがまず目標となる。環境問題、不均衡な貿易が惹起する摩擦、領土問題、過度な排他的姿勢など、日本を巻き込むグローバルな諸問題について世界の人々と話し合える力を身につける必要がある。そのための言語は言うまでもなく国際共通語の英語である。国際的争点を議論し、世界と対話できる英語力の確立を視野に入れることが、国際政治学のESPに望まれる。授業ディベートの目標は、図5.1

第Ⅰ部　グローバル人材と英語ディベートをめぐる概念的な議論

に示した概念的関係性に表れている。英語を使ったディベートは国際政治学の理解の増進、良き市民の育成、英語力の伸長、それらすべてと関係する。またそれらを相互に関係づけ、共振、共鳴することによって、学習における相乗効果を目指す教育の実践がディベートである。

さて、2000年に当時の小渕首相の懇談会が発表した「21世紀日本の構想」においても、日本人の国際対話能力を確立する必要性が謳われていた[18]。国際政治と英語力の点から注目すべき議論が展開されているので、ここで見ておきたい。

同構想において、英語に関しては「グローバル・リテラシーを確立する」のセクションで提言が存在する（「21世紀日本の構想」懇談会 2000: pp.43-44）。少し長くなるが、すべて紹介する。

　　グローバル化と情報化が急速に進行する中では、先駆性は世界に通用するレベルでなければいけない。そのためには、情報技術を使いこなすことに加え、英語の実用能力を日本人が身につけることが不可欠である。

　　ここで言う英語は、単なる外国語の一つではない。それは、国際共通語としての英語である。グローバルに情報を入手し、意思を表明し、取引をし、共同作業のために必須とされる最低限の道具である。もちろん、私たちの母語である日本語は日本の文化と伝統を継承する基であるし、他の言語を学ぶことも大いに推奨されるべきだろう。しかし、国際共通語としての英語を身につけることは、世界を知り、世界にアクセスするもっとも基本的な能力を身につけることである。

　　それには、社会人になるまでに日本人全員が実用英語を使いこなせるようにするといった具体的な到達目標を設定する必要がある。その上で、学年にとらわれない修得レベル別のクラス構成、英語教員の力

---

[18] 「21世紀日本の構想」懇談会の報告書は、発表後すぐに、講談社から単行本として出版された。以下、本論でも出版された書籍に基づいた。

量の客観的な評価や研修の充実、外国人教員の思い切った拡充、英語授業の外国語学校への委託などを考えるべきである。それとともに、国、地方自治体などの公的機関の刊行物やホームページなどは和英両語での作成を義務付けることを考えるべきだ。

　長期的には英語を第二公用語とすることも視野に入ってくるが、国民的論議を必要とする。まずは、英語を国民の実用語とするために全力を尽くさなければならない。

　これは単なる外国語教育の問題ではない。日本の戦略課題として捉えるべき問題である。

この提言が世に出てから17年が経過した。今から振り返って、この提言は活かされたとは言えない。その原因として二つの可能性が考えられる。一つは、目標そのものが現実離れしていて、日本にふさわしいものではなかった。第二には、目標はふさわしかったが、具体的な方法に問題があった。

目標そのものについては、安倍首相の2014年の所信表明をみても、一時的な気まぐれでないことははっきりしている。日本はいわば、常に英語力の弱さを実感し、その克服について議論してきた。思い切った目標が必要だったのだろうし、これとて、森有礼の英語公用語化論に比べれば、革新性は穏やかである。

第二の点こそが問題である。提言は日本の戦略的課題として英語力の必要性を指摘してはいるが、その具体的な手立てには全く触れていない。単に外国語教育の問題ではないとしながら、具体的な方途は外国語教育、ここではつまり英語教育に丸投げしている。

「国際対話能力（グローバル・リテラシー）のために」においては、英語公用語にはしないまでも、実用語とすることで世界に対する発信力となるよう下のように提言していた（「21世紀日本の構想」懇談会 2000: pp.216-217）。

第Ⅰ部　グローバル人材と英語ディベートをめぐる概念的な議論

　　情報技術革命、グローバリズムを乗り越えて波乗りすることは容易ではない。インターネットと英語を共通言語として日本国内に普及する以外にないであろう。双方についてマス・レベルで幼少期より馴染むべきであろう。

　　誤解を避けるために強調しておきたい。日本語はすばらしい言語である。日本語を大切にし、よい日本語を身につけることによって、文化と教養、感性と思考力を育むべきは言うまでもない。だが、そのことをもって外国語を排斥するのは、誤ったゼロ・サム的な論法である。日本語を大事にするから外国語を学ばない、あるいは日本文化が大切だから外国文化を斥ける、というのは根本的な誤りである。日本語と日本文化を大切にしたいなら、むしろ日本人が外国語を他文化をも積極的に吸収し、それとの接触のなかで日本文化を豊かにし、同時に日本文化を国際言語にのせて輝かせるべきであろう。

　　すでに国際化の進行とともに、英語が国際的汎用語化してきたが、インターネット・グローバリゼーションはその流れを加速した。英語が事実上世界の共通言語である以上、日本国内でもそれに慣れる他はない。第二公用語にはしないまでも第二の実用語の地位を与えて、日常的に併用すべきである。国会や政府機関の刊行物や発表は、日本語とともに英語でも行うのを当然のたしなみとすべきである。インターネットによってそれを世界に流し、英語によるやりとりを行う。そうしたニーズに対処できる社会とは、双方向の留学生が増大し、外国人留学生の日本永住や帰化が制度的に容易になり、優れた外国人を多く日本に迎え、国内多様性が形成された社会であろう。日本が国際活動の流れから外れてしまうジャパン・パッシングを嘆く事態を避けるには、日本社会を国際化し多様化しつつ、少子・高齢化の中でも創造的で活気に満ちたものとすることである。それが21世紀の日本の長期的な国益ではないだろうか。

　　しかし、ここでも英語を使わない現実による使わない壁が途方もなく高

いことが分かる。さまざまに目標を設定しても、その実現性はもはや描きづらい状況が 10 年を超えて続いた。現在となって、誰に責任があるわけではないが、その当時、英知を集めて提言した内容はそのほとんどが頓挫した。特に英語は、その達成度の程度のあまりの低さに驚く。

6．国際社会における基盤的競争力[19]

　英語力の伸長のためにはまず学習時間の絶対量を増やすことが欠かせない。併せて、世界とコミュニケーションをとれる、いわば基礎的な知識を蓄えていることが重要であることを述べてきた。そのための手段として、英語ディベートの実践を主張しているが、本章ではまず、日本人英語力の実態を、国際比較から確認しておきたい。

6.1　ふるわない TOEFL、TOEIC スコア

　本章執筆時点で入手できる TOEFL の最新スコアを見ておきたい。2016年の結果（ETS 2017）では、日本はスコアが示されているアジア諸国31か国の中でカンボジアと並んで下から4番目で71点であった。日本より下に位置するのは、31番目のラオス、30位のタジキスタン、29位のアフガニスタンのみである。

　ETS（2017）は、リーディング、リスニング、スピーキング、ライティングの4技能のスコアについても掲載している。それを見ると、この順に、18、17、17、19が日本の得点である。拙著（2017）では、2014年の同じスコアについて分析を加えた。この時の日本のスコアは、18、17、17、18であった。ライティングに1点の伸びがあるが、他は全く変化がない。2014年も2016年もそのスコアは共に、リーディングよりもスピーキングのスコアが低く、こうした傾向をもつアジアの国は、2014年には

---

[19] 本章は拙著（2017）『ランキングに見る日本のソフトパワー』の第11章に基づきつつ、それを大幅に加筆修正している。

中国、日本、北朝鮮、韓国、マレーシアの5か国だけ、2016年は中国、日本、北朝鮮、韓国、台湾の5か国であった。スピーキングだけに注目すると、2014年も2016年も日本はアジアの中で最下位である。英語教育の強化が謳われているが、わずか2年のタイムスパンでは、すう勢に変化はなく、成果は見いだせない。

2014年のTOEFLスコアについてはOECD諸国との比較も行っている（三上 2017）。アジアにおいて最下層に沈む日本はOECD諸国間においてもやはり最下位である。データが明示されていないオランダとスロバキアを除いた30か国中、総合点で70点台は、70点丁度の日本と、75点のトルコのみである。他は軒並み80点台、90点台が並ぶ。オーストリアと南アフリカ共和国は100点である。スピーキングについては、17点の日本が最下位である。リーディングと比べてスピーキングの点数が下がるのは、イタリア、韓国だけである。しかしこの両国のスピーキングのスコアはそれぞれ22、20を示していて、日本より3ポイント以上高い。

文部科学省の有識者会議は、英語力をアジアトップクラスとすることを目標に掲げた（英語力「アジアトップ級」へ 2014）。具体的な施策は十分とは言えない。そもそも、指導にあたる教員の英語力を引き上げるための十分な教育が行われていない。日々多忙を極める教員が、落ち着いて英語力を底上げするだけの余裕があるようにも見受けられない。教職大学院で徹

表6.1 TOEFL Test and Score Data Summary

	2005/2006	2010	2016
日本	65	70	71
韓国	72	81	84
中国	75	77	79
フランス	86	87	87
ドイツ	96	95	97
イタリア	71	89	90
ロシア	85	84	87

ETS（2007）、ETS（2011）、ETS（2017）より。

底して英語力向上の機会があれば少しは道が開けるかもしれないが、現時点ではそうした余裕があるようにも見受けられず、きわめて困難であることが推察される。

英語力の伸長の状況も見ておこう。表6.1で明らかなように、日本の伸びはいかにも鈍い。フランス、ドイツ、ロシアもスコアの伸び自体は顕著に見られないが、もともとの得点が高いので、一定の高得点を維持していると見て良い。イタリアは当初はヨーロッパ諸国として褒められた点数ではなかった。しかし近年はきわめて高い得点状況で、大幅な改善が図られていることがわかる。英語力を見極める指標の一つであるTOEFLにおける低迷、特にスピーキング力を巡る低スコアは、日本の英語教育が漫然としていられる状況にないことを示している。

6.2 IMDによる国際競争力

スイスのIMD（International Institute of Management and Development）が発表している世界競争力ランキングで、日本が「外国語のスキル」の項目において調査対象59か国中58位であったことは3章でも触れた。関連した情報として、日経新聞は、IMDの「2015年世界競争力年鑑」では総合順位で前年より6段階下がり、27位になったことを紹介している。調査対象61か国・地域で、語学力は60位であった（日本の競争力2015）。日本人の英語力は、こうした格付け的な評価においてもきわめて低い。

苅谷（2015）は、欧米に追い付き追い越せを達成し、ジャパンアズナンバーワンと言われたことによる目標の喪失、あらゆる分野で最先端の国際的研究の翻訳本がすぐに手に入る強みが逆に英語を必要としない環境を日本の中に生んだ現実を指摘する。しかし、中国韓国の英語教育の成果によって、日本の英語教育の問題が浮き彫りにされ、経済的なグローバル競争の進展の中で、英語力の不足が日本の政策立案者の不安の種になっている現実を指摘している。

英語力に関しては、韓国との比較が重い意味を持つ。ハングルは日本語ときわめて近い言語（高梨 2009: p.15）だからである。韓国人の英語力が、

さまざまな英語試験で日本を上回る成績となって示されている。Kachru (1985) のサークルが示すように、日本語もハングルも、拡大円に位置づけられる言語である (p.13)。言語としての距離を理由に日本人の英語力の低さをやむを得ないこととして看過できる状況ではなくなっている。

安倍政権の成長戦略について語る中で国際通貨基金のエコノミストであるR・フェルドマンは、教育の改革が経済的な課題でもあるとする認識を紹介している。特に日本の英語力向上の必要性は、韓国との対比が含まれるだけ、説得的である。「TOEFLのスコアで言えば、日本と韓国のスコアは、30年前はほぼ同じレベルだったが、韓国の平均スコアはここにきて大きく上昇した」（フェルドマン 2013: p.51）との指摘である。日韓の比較は本書でも随所に行っていることではあるが、経済的、政治的観点から国際機関のエコノミストが言及している状況は、日本人の英語力が既に国際的な問題と化している状況を思い知らされる。

大学進学率に関する日韓の比較も見ておく必要がある。ユネスコのデータを紹介する『今がわかる時代がわかる世界地図 2016年度版』によると、韓国は98.4パーセント、日本は61.5パーセントである（成美堂出版編集部編 2016: p.100）。しかしここでは、単に数字上の進学率を上げれば済む話ではないことを指摘しておかなければならない。韓国の大学生はよく勉強する（岩淵 2013:p.39）。日本の大学生はどうだろうか。岩淵が紹介する事例は、韓国の延世大学、ソウル大学の話である。日本の大学の多くも冒頭で紹介したように、レジャーランドと呼ばれる状況にはない。しかし、学生の学習時間に関して言うなら、次節で明示するように、やはり決定的に少ない。

英語教育に携わる日本の教員の置かれている立場については、給与面で決して恵まれているとは言えず、しかし多忙を極めている実態がある。留学の機会を十分に与えられていない中で、英語力のアップだけは求められている。1年以上の留学経験をもつ公立高校の英語教員は、1割程度だという（溝呂木 2015）。OECDのデータからも明白に示されている教育に十分な予算を割こうとしない状況では、英語力向上の目標達成は難しい。東

京オリンピックまでに英語ができるボランティアを数多く配置することを当時の文部科学大臣は記す（下村 2014）。しかし、教員に対する支援も不十分で、予算的な手当ても不十分なこの施策では、看板倒れとなるリスクが極めて高い。

英語教育に関して、読売新聞も教師の指導力底上げが必要だとする社説を掲載している。公立中学校の英検準１級以上に相当する英語力を持つ英語教師の割合は３割弱だとする（英語全国テスト 2015）。文科省が真剣に英語力向上を目指すのであれば、教える立場の教員の英語力を鍛えなければならないとする主張は枚挙に暇がない。日本語の母語話者の英語学習において、ネイティブスピーカーによる授業を増やせば良い、という声も存在する。しかし、生まれてから当然に母語として英語を話す人と、そうでない人が後天的に学ぶ語学の修得法は、明々白々に異なる。この点を踏まえるならば、やはりある程度の高い英語能力をもつ英語教員の存在は欠かせない。

他方、日本人英語教師に関しては、非常に高い英語力を求めることも非現実的である。中学校の音楽の先生が、チャイコフスキーやラフマニノフのピアノコンチェルトを弾きこなすようなピアノの名手であることは滅多にない。体育の先生の中にかつて甲子園球児だった人が多くいるわけでもないだろう。教師の英語力の底上げは確かに望まれる。しかしそこに焦点を当てることだけで学生の英語力が向上すると見るのはあまりに早計である。日本の英語教育の課題は、単に教える側だけにあるわけではなく、学ぶ側の意識の変化こそが肝要であると本論は見る。その点については、次の７章で考察したい。

6.3　大学教育の質

大学教育の質の低さ、大学生の勉強時間の少なさを問題視する指摘も数多い。苅谷（2011）は、進学率の上昇によって、大卒資格を持つ人びとの雇用機会について、また大学教育による問題解決能力とコミュニケーション能力の変化について分析を加えている。結論的には、日本における大学

は実質的に「大学教育無用論」と呼べる状態にとどまっている（苅谷 2011: p.1）とする。現状の大学教育の内容のまま、進学率のみを高めても、学生の能力伸長に必ずしもむすびついていない実態をあぶりだす。もっとも、苅谷自身が認めているように、この論文で用いている問題解決能力は、「私は、日常で生じる困難や問題の解決法をみつけることができる」、「私は、人生で生じる困難や問題のいくつかは、向き合い、取り組む価値があると思う」、「私は日常で生じる困難や問題を理解したり予測したりできる」の3つの項目から作り出した変数を用いている。また、コミュニケーション能力に関しては「自分の考えを人に説明する」、「よく知らない人に自然に会話する」、「まわりの人をまとめてひっぱっていく」、「おもしろいことを言って人を楽しませる」の4つの質問項目から尺度を作り出している。

　これらは大学教育が目指す問題解決能力、コミュニケーション能力と言えるだろうか。教育の目標は、それぞれの大学がディプロマ・ポリシーとして独自に定めている。それゆえ目標をめぐるより厳密な議論はディプロマ・ポリシーを無視しては出来ない。しかし少なくとも大学教育が求める問題解決能力は、個人の枠にとどまらない社会的な問題を発見し、解決策を探る能力が主となるであろう。それは個人が日常で感じる問題を越えている。また著名な医学者、養老孟司は、高校と大学の勉強の違いを「高校までの勉強は、先生が出した問題を解くことが主です。しかし、大学ではそうはいきません。『何が解くべき問題なのか』を自分で考えるようになっていかなくてはならないのです」（養老 2014: p.212）と述べる。つまり大学教育の問題解決能力とは、問題提起する力が含まれていなければならない。苅谷が上の論文で用いた問題解決能力には、肝心なこの視点がない。

　またコミュニケーションにしても、大学は個々をより社交的な人間にすることをその教育の目標としているわけではない。またコメディアンを養成する場でもないのであって、そもそも教員がそれを得意とすることはほとんどない。少人数教育のゼミなどの場では、通常、意見を異にする集団

の中で、いかに議論し、結論に導いていけるかを目標としていることも多い。それゆえ、能力伸長に関する苅谷の指摘は必ずしも大学教育に関する問題として的を射ているとは言えない。それでも、企業との関係をも含めて導き出されている大学教育無用論がいまだに力を得ているとの結論には、真摯に耳を傾ける必要がある。

朝日新聞の紙面で大阪大准教授の中澤渉は、大学教育の社会的意義を訴えて行くことが肝要であると語る（中澤 2014）。多くの人が大学に行くことのメリットや、税金を投入することの意味を感じていない現実がある中で、研究面の成果を上げることに止まらず、職業教育や生涯教育、基礎学力が不足する学生に対する再教育などでの成果も重要になると中澤は指摘する。

大学生の学修時間の問題は、中央教育審議会も次のように記す。「卒業の要件は原則として4年以上の在学と124単位以上の単位修得であることを踏まえると、学期中の1日当たりの総学修時間は8時間程度であることが前提とされている。しかし、実際には、我が国の学生の学修時間はその約半分の1日4.6時間にとどまるという調査結果がある。これは例えばアメリカの大学生と比較して極めて短い。同調査によれば、理学、保健、芸術分野は相対的に学修時間が長いが、社会科学分野は特に短い」（中央教育審議会 2012）。

文科大臣であった下村博文も、日本の大学生の学修時間の少なさを問題視している。教育改革の目標をいくつか例示する中で、米国並みの学修時間を挙げている（下村 2014）。そこで紹介された日米大学生の学修時間の差は表6.2とそれをグラフ化した図6.1の通りである。日本の大学については、「勉強しなくてもいい仕組みが通用していることに問題があると思う」（下村 2014: p.264）とも指摘する。

大学教育の質の問題と、グローバリゼーションに伴う大学改革論をより本質的な視点で論じているのは吉田文である。吉田（2013b）によれば、現代のグローバリゼーションは、新自由主義と新保守主義の理念、知識と結びついている。新自由主義とは、自由市場における競争こそが物質的福

表6.2 日米の大学1年生の学修時間（1週間当たり）（％）

	0時間	1－5時間	6－10時間	11時間以上
日本	9.7	57.1	18.4	14.8
米国	0.3	15.3	26	58.4

下村（2014:p.263）より。

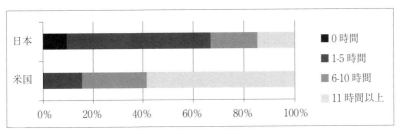

図6.1 表6.2のグラフ化

利を生みだし、競争による生産性の向上が社会病理を解決するという経済パラダイムであり、新保守主義は、自由主義や民主主義の輸出を目的とした対外強硬政策、経済的に小さな政府のもとで自由競争を貫こうとする。そしてこの新自由主義的な経済政策は大学にも適用されるものとなっている（吉田 2013b: p.23）。この延長線上に日本の大学の変容を迫る圧力が存在する。これを吉田（2013a: p.8）は大学の商品化、標準化、評価という3点からまとめている。商品化とは大学教育の消費者のニーズへの安易な対応、標準化とは、教育プログラムのパッケージ化やアメリカ型大学モデルへの収斂、そして評価とは、大学の活動の外部への説明とそれに対する外部者の評価である。AHELO（Assessment of Higher Education Learning Outcomes）と呼ばれるOECDによる大学の学生の学習成果を評価するテスト導入の計画もある（吉田 2013b: p.26）。これは、国際的な大学教育の質保証の動きであり、グローバリゼーションと軌を一にする。こうした中で吉田（2013b）は、大学のアカウンタビリティが問われ、評価にさらされている時代であるからこそ、学生に現実を伝達し、そのことによって世界

を批判的に見る目を育成すべきであると主張する（pp.40-41）。

　グローバリゼーションの荒波は、国家を飲み込んでいる。当然、国家を構成する様々な社会の組織、団体に影響を与えている。大学も例外ではない。しかしそういう中であるからこそ、クリティカル・シンキングを養う教育実践は大きな意義をもつ。英語ディベートの実践は、そのアカウンタビリティ、英語力、クリティカル・シンキングを養成する試みの一つである。

6.4　グローバル人材を求めているのは誰か

　総務省はグローバル人材育成の推進に関する政策評価の一環として、東洋経済新報社の「海外進出企業総覧会社別編 2015 年刊」に掲載されている 4,932 社に対する意識調査を実施している（総務省 2017）。ここに企業から大学に求める取組が端的に示されている点で興味深い。「異文化理解力や海外赴任にも耐え得る経験を積むには留学が最も適当」、「現地の習慣、文化、価値観などを理解し、そこで活動するためには異文化理解に関する授業が必要」、「企業が主体性や積極性を持つ人材を育てる上でディベート等の対話型の授業が重要」などが挙がる（総務省 2017）。

　しかしながら、この調査の有効回答は実は 980 社に過ぎなかった。海外進出企業総覧の中の約 5,000 社を対象としていながら、寄せられた回答は 980 社に留まっているのである。日本の会社数は、これをはるかに上回る。会社数の多寡を論じることは簡単なことではない。しかしどのデータに依拠しようとも、980 社は全体のごく一部であることは疑いない。公的なデータの一つとして、国税庁の会社標本調査結果を見ておこう。ここでは平成 27 年度分の法人数を 264 万 1,848 社と明記している。980 社は全体の 0.0037 パーセントのサンプルに過ぎない。わずか 3000 分の 1 強の声である。もちろん調査対象外の会社のなかにもグローバルに企業活動を展開しようと意欲をもつ会社も皆無ではないだろう。しかし常識的には、海外進出企業総覧に掲載されている会社に比べれば、グローバルよりも国内への志向をもつと解釈できる。つまり、総務省が調査した会社は、日本のな

かでも最もグローバルな志向が強い企業である。その企業から届けられた声が、上の大学に対するグローバル人材育成への要請である。

　換言するなら、数多くの企業にとって、グローバル人材に関わる懸案は、それほど関心の高いことでない可能性がある。こうした点を加味するなら、日本においてグローバル人材を求める割合は、スーパーグローバル大学における取組みのみで既に十分な数と言えのかもしれない。それにも拘わらず、それ以外の大学においてもグローバル人材育成を看板として掲げるのはなぜなのだろうか。スーパーグローバル大学が一流の大学と一致している現実を無視できないからかもしれない。仮にそれに選ばれていなくとも、それに劣らず一流大学の教育と同一の歩調を取っていることに疑似的に良い大学であろうとしているのかもしれない。あるいは、企業の論理を超えて、大学教育そのものにおいて、グローバル人材を輩出することに意義が存在している公算もある。この点を十分に考慮して、それぞれの大学がめざすべき教育について検討する必要がある。

6.5　目指す人物像

　必死に英語を勉強しているある日本人のつぶやき、「アメリカ人に生まれれば良かった」。グローバル人材の育成を目指す日本の大学教育は、こうつぶやく日本人を数多く生み出すことが目標ではない。英語が世界のリンガ・フランカである現実を受け止めつつ、自国文化に対する誇りを失わず、グローバル社会の時代をたくましくそれでいてしなやかに生きる若者を育てたい。その要請は一部の企業から発せられ、経済を強くしようとする政府からも伝えられる。

　高度な英語力は欠かせない。しかし英語母語話者だけから成り立つモノトーンの世界が望ましいわけではない。カラフルな言語は世界をカラフルに彩る。日本語と密接不可分な日本文化があって世界の人々は日本に魅力を感じよう。伝統の上に現在が築き上げられている世界で、伝統の本質である言語がないがしろにされて多様性が保持されることはない。すべての人々に英語を強要するような世界は、英語帝国主義に他ならない。日本に

おいて英語はあくまで意思疎通のための道具として位置づけられることが認識されなければならない。

　他方、英語がコミュニケーションの道具として欠かせなくなっているグローバル社会の現実もある。そのコミュニケーションの場面は、いつも日本文化について語っているわけではない。地球全体の課題、紛争地域の話題、互いの社会の特質など、グローバル社会に共通する話題を題材とすることも少なくなかろう。その場面のコミュニケーションは英語力のみならず、どれだけ教養あるグローバル人であるかも左右する。見解の分かれる争点に関しても、相手の主張に耳を傾けて理解しながら、自らの見解についても臆せずに述べ、建設的な議論を展開できる英語力と、教養を磨く必要もある。

　さらに学問の府である大学で英語を学ぶということは、その英語が大学にふさわしい内容をもつ必要がある。ESP が追求しようとしたことは、大学の専門教育の中に英語教育を関連付けることであった。政治学教育における英語は、相応に民主主義と関連付けられた英語教育の実践が求められる。しかし実際の多くの日本人大学生の英語力のレベルは、教育的工夫なくそれに取り組めるレベルにはない。そこでゲーム性が加味されているディベートの有用性が浮上する。

7.「使える」から「使う」へのパラダイムシフト

7.1 「使える英語」の喧伝

1章でも言及した2014年1月24日第186回国会における施政方針演説で、安倍首相は、「やれば、できる。2020年を目標に、中学校で英語を使って授業をするなど、英語教育を強化します。目指すは、コミュニケーションがとれる使える英語を身に付けること。来年度から試験的に開始します」（国会会議録 2014）と「使える英語」を強調している。この施政方針演説ではさらに、2020年を目標に、外国人留学生の受入数を2倍以上の30万人へと拡大し、国立の8大学では、今後3年間で外国人教員を倍増することも掲げられた。英語による授業の充実、国際スタンダードであるTOEFLを卒業の条件とするなど、グローバル化に向けた改革を断行する大学を支援するという。また2020年に向けて日本人の海外留学の倍増も目指すとする（国会会議録 2014）。

ほぼ1年後、第189国会における安倍首相の施政方針演説を見ておこう。2020年を目標として「日本は変えられる」ことを謳っている（国会会議録 2015）。しかしそこには前年の英語教育、留学生、TOEFLなどへの言及は一切なくなっている。「使える」英語を身に付けるという目標は、順調な船出を遂げて、敢えてここで強調する必要もない、ということなのだろうか。それとも、早々と掲げた看板を下ろして、より現実的な英語教育の方向に舵を切ろうということなのだろうか。1年前には具体的な数字が並んでいただけに、その進捗状況は精査されてしかるべきだろう。

さらに翌2016年の施政方針演説はどうだろうか。一億総活躍というスローガンが掲げられている（国会会議録 2016）。英語教育への言及は皆無

である。2017 年では、教育に関連して給付型奨学金制度を新しく創設することを謳う（国会会議録 2017）。この実現も大事なことである。しかし 3 年前には大きなウェイトを占めていたはずの英語教育には一言も触れられていない。

2014 年の施政方針演説にある、「使える英語」は空手形なのではないだろうか。そもそも同じ意味と解して良いであろう、「英語が使える日本人」というフレーズは 2003 年から 2007 年にかけて、「『英語が使える日本人』育成のための行動計画」によってそうした日本人を育成する態勢を確立するための施策を行うと明記した文書（文部科学省 2003）に見ることができる。あるいは 1989 年告示の学習指導要領にある英語教育の目標、「コミュニケーションに使える英語」にまで遡っても良いのかもしれない（鳥飼 2017:p.12）。

「使える英語」の使用例は公的な官庁の文書に限定的にあるわけではない。主要新聞の社説で日本の英語教育の問題が正面から論じられたことは一度に留まらないが、そこでも「使える英語」は登場する。たとえば朝日新聞 1993 年 8 月 31 日の社説は「『使える英語』教育への転換を」との表題で、「読み書き」中心から「話す聞く」を重視するコミュニケーション能力の向上を目指す提言が文部省協力者会議からなされたことを紹介する。そこでの主張の骨子は、教える側の能力の向上、少人数クラスへの転換、入試問題改革の 3 つを柱としている。教師の会話力を高めるために、この当時、日本人教師の海外研修が 2 か月から 1 年まで合わせて年に 300 人に満たない状態からの人数増加を求めている。2008 年 12 月 23 日には、「高校指導要領　英語で授業…really?」との標題で、「使える英語を身につけるためには、どうすればいいのか。そのために英語教育をどう変えるべきなのか。その道筋と環境作りを大枠で整えることが先決であり、文科省の仕事ではないか」と訴える。2011 年 3 月 1 日の朝日新聞社説は、「英語教育 Are we ready?」と題して、2003 年の文科省による「英語が使える日本人」から 8 年を経て、そろそろ苦手意識も卒業したいと記す。巻末文献一覧に記載の中で、中高 6 年学んでも話せるようにならない英語教育

7.「使える」から「使う」へのパラダイムシフト

を、本気で変えよう、その問題提起として、自民党の教育再生実行本部による大学受験資格に TOEFL などの英語検定の導入の提言を紹介する。

　国会審議において「英語を使える日本人」に関する議論を抽出するため、「使える英語」を検索語として会議録を確認してみた。その結果、戦後国会においては、17 件の言及を確認できた。そこでの議論を概観しておきたい。

　「使える英語」という表現が国会審議の中で初めて用いられたのは、昭和 54 年 5 月 8 日の参議院の文教委員会においてであった。松前達郎が英語教育の成果としてこれが表れているかどうかを問うている。続いて昭和 63 年 3 月 23 日に現在の JET プログラムにつながる、外国からの青年招致の効果に関連して、日常使える英語の習得のために、会話中心の英語教育の推進について質問があった。続いて平成 2 年 6 月 8 日衆議院文教委員会における薮中義彦委員は「大学まで行ってこれだけやってしゃべれない、おかしい」と日本の英語教育の問題を指摘している。平成 6 年 2 月 9 日の参議院国際問題に関する調査会で大木浩は、国際交流における言葉の問題に関連して、「使える英語」にする方途を参考人に尋ねている。さらに平成 8 年 5 月 30 日衆議院決算委員会第二分科会において、吉田治が、小学校での英語教育導入に関連して「使える英語」に言及している。

　少し間隔があいて、次に「使える英語」が登場するのは、平成 14 年 3 月 20 日の参議院文教科学委員会において、有村治子が「文法云々というより、むしろ使える英語というものを、日本としてそちらの方に照準を合わせて行くのも一つじゃないかなと私は思っております」と語っている。その後平成 18 年 3 月 22 日には、浮島とも子が「中学、高校と英語は習ってきたんだけれでもはなせなかったということでとてもショックを受けたことがございますけれでも、本当にこれからますますグローバル化が進んでいく中で、話せる英語、使える英語がとても必要だと考えております」と語った後、小学校段階での英語教育の必修化を説いている。

　文科省による「英語が使える日本人」の施策は、英語教育に限定されず、たとえば日本の観光促進の国家計画にも言及がある。それにより外国

からの観光客とのコミュニケーションが円滑になされることを企図している。小泉政権時の「観光立国行動計画〜『住んでよし、訪れてよしの国づくり』戦略行動計画〜」は、2003年から「英語が使える日本人」の育成のための行動計画を実施し、2007年には「英語を使える日本人」を育成する体制を確立すべく施策を実施することが明記されている（観光立国関係閣僚会議 2003: p.35）。行動計画からは既に10年以上、体制確立の施策実施からも8年が過ぎた。依然として、「英語が使える日本人」が増殖している実感はない。これとは対照的に、インバウンドの観光客の増加に関しては着実に成果を挙げて来た。中国経済の飛躍的な発展に伴って、中国からの観光客の増加がこれに大きく寄与した。そうした外的要因によるとは言え、政府による行動計画も観光客増大に関して実を結んでいる。

7.2 「使える」という発想の問題点

エール大学で教鞭をとった経験を持つ斉藤（2014）は、「英語ができる」定義の曖昧さゆえに、いつまでたっても英語が「できない」と指摘する。国際政治的な観点からは、韓国・中国・台湾と比べて日本人エリートの英語力の低さが国益をも損ないかねないとの危機感を持つ（斉藤 2014）。

こうした状況を打破しようとする荒療治は、TOEFLを大学受験や公務員試験に導入する試みである。そうなれば、社会生活において通常は英語を全く必要としない社会にあって、少なくとも日本のエリート層は必死に英語に取り組む環境を生み出すことにつながる。ただ、TOEFLのスコアがアップしても、結局、やはり英語は使えないという状況は十分にありうる。それは、使える英語を目指すことによって生じる主体性の欠如が引き起こす宿命である。「使える英語」ではなく「英語を使う」ことに意識転換することこそが日本の英語をめぐる状況を打破する最もインパクトを持つ改革ではないだろうか。言わば英語教育におけるパラダイムシフトがこの転換である。なぜなら、使えるという状況は、その背後に第三者的な目があって、使えているとする認識が妥当かどうかを客観的に問う意識が入

7．「使える」から「使う」へのパラダイムシフト

る。本当に使えているかどうかは常に第三者にその判断を委ねなければならない。母語話者ではない英語の学習者にとっては、いつまでたっても英語を使えているかどうかはわからないままなのである。

　他方、使うという行為は、第三者的な意識とは無関係に、自分が使うかどうかの問題である。能動的かつ積極的姿勢を持つことで「使う」ことは紛れもない事実となる。教育の現場が工夫しなければならないことは、「使う」機会を提供し、使ったという実績を学生たちに積ませることである。それが自信となって、ゆくゆくは自他共に認める「使える英語」が運用されていくだろう。

　客観的に「使える」とする目標に対して、そもそもそう認めてもらえるようになる努力が圧倒的に少ないとする指摘がある。行方（2014）は「結局自分自身の血のでるような努力の結果、英語が身に付いたと知っている」（p.135）と夏目漱石の逸話を紹介している。「学生の英語の学習時間の極端な少なさ、あるいは学習意欲の低下という根本のところが変えられないならば、小学校から早期教育を始めたり、トーフルを大学入試に活用したりしたところで、日本人全体の英語力が向上する筈はありません」（行方 2014: pp.102-103）とも指摘し、勉強量の不足を問題視する。

　「使える」という発想をそのままに英語教育を展開し続けるなら、日本人の完璧主義の性向も問題となる。たどたどしくとも使いながら上達するよりない外国語を、下手だからもっと上手くなってから使う、できれば完璧に話せるようになってから使おうとすれば、いつまでたっても使えるようにはならない。かつてマーク・ピーターセンは、日本人の「変な英語」を指摘してベストセラーを生んだ[20]。外国語を使っていて、母語話者と異なることは当たり前であるのに、違いをことさらに間違いとして強調する。それが広く読まれること自体に日本人の完璧主義の一端が表れてもいる。日本の完璧主義について、国際バカロレア機構事務局長は、国際バカロレアの高い理念と通じ合うものがあると指摘する（国際バカロレア

---

[20] 代表作としてマーク・ピーターセン（1988）『日本人の英語』岩波新書。

2017)。肯定的に評価されるべき側面ももちろんある。しかし英語を修得するという点からは、誤りを恐れて使わなければ、英語の上達は望めない。後述するビジネス英語のテキストが紹介する引用句にある通りである。英語に関しては、完璧主義を捨てる。英語における「厚かましさ」をどう育てていくか、これこそが英語教育の一つの課題であろう。

　日本人の英語力の問題が、日本人の性向そのものに関連するなら、その精神性に言及することも論外とは言えないだろう。松本道弘は「英語道」という表現を使う。こうなると英語を学ぶ道は武道に通じる。行方（2014）が血の出るような努力を強調したこととも結びつく。外国語を駆使して母語話者を含めた英語の話者とコミュニケーションを取ることは並大抵の努力ではなしとげられない。それゆえ、松本は、その困難な道を英語道になぞらえたのであろう。安直なことでは日本人は英語を「使える」ようにはならない。大学教育の場でもそのことを認識した上での授業の実践が求められる。

7.3 「使う」ことの有用性

　アナトール・フランスの名言として、「人は、話すことによって話し方を、勉強することによって勉強のしかたを、走ることによって走り方を、働くことによって働き方を学ぶ。まったく同様に、愛することによって愛し方を学ぶのだ」（日本放送協会 2015: p.39）がビジネス英語のテキストに掲載されている。ここでの眼目は最後の愛し方なのだろうけれども、人が学ぶすべてのことは、その実践においてである、との主張は明白である。英語もまさにその例外ではない。使うことによってでしか、英語を修得することはできない。つまり、英語が使えるようになるためには、英語を使うしかない。

　しかしながら、日本社会においては英語を使う機会が圧倒的に少ない。それが日本人の英語力が低迷する最大の要因の一つであろう。ではどのように使う機会を設けてゆけば良いのか。英語教育におけるさまざまな模索がある。本書が主張する英語ディベートは、教室という場で、英語を使う

7.「使える」から「使う」へのパラダイムシフト

機会を効果的に設定しうる。しかもそれは、英語のために英語を使うのでない。議論すべき内容があって、英語はその手段として位置づけられる。

「英語を使う」ことそれ自体も目標になる。「英語を使う」勇気、間違いをも恐れぬタフさ、気にしないしたたかさを涵養する教育となる。

大学という教育の場では、「英語が使える」ことを目指すのではなく、使うべき場面においては躊躇なく「英語を使う」日本人を育成することである。教室では「英語を使う」機会をこそ学生に提供するべきである。文科省は「学校を中心とした英会話サロンやスピーチコンテストなどの取組を促進する」（文部科学省 2003）ことも示していた。

このような文科省の方針に懐疑的な意見を示したのは斎藤（2009）である。日本人全員が高度な英語の使い手になるのはそもそも不可能であって、目指すべきことは「エリート母語話者を向こうに回して政治・外交・文化を議論しても互角以上に渡り合える英語の使い手をどうやって育てていくかがこれからの課題」（p.57）だとしている。他方文科省は、グローバル化の波及で、誰もが世界において活躍できる可能性も広がっていて、エリートに限定されるべきとの主張に与していない（文科省 2003）。ここでの争点は、日本における英語教育はエリートを対象とするか、より広い学習者を対象とするかに収れんする。

政府は小中学校における英語教育の充実を進めている。しかし、ビジネスで英語を必要とする国民が必ずしも多いとは言えない中で、その効果はなお実感できていない。そもそも必要としないスキルを一所懸命に身につけるように子供たちに促しても、そこには限界がある。ピアニストになるわけでもない小中学生に、ピアノの練習をいくら課しても、それほど効果が望めないことと同じである。早い段階でピアノに触れることは悪くはない。しかしそのことと、国民皆がピアニスト並みのピアノ演奏力を身につけることとは違う。

そもそも音楽で生計を立てることを目標としている子供は、学校教育における音楽に重きをおかない。一言でいうと、学校教育のレベルでのみ音楽を学んでいて、プロへの道が開ける可能性は皆無である。はじめはおけ

いこ事として、学校外の音楽教室で実力を磨き、その上で、音楽専門の高校、大学へ進学する。そして一流の仲間入りを果たすためには、海外留学も重要な要素となる。スポーツはどうだろう。体育大学は数が限られている。しかし大学の体育会系の部活動は、地域のスポーツクラブと並んで、プロへの道にも通じる高度な技能獲得の機会となっている。

　学校教育の場で成果として使う機会は、体育であれば運動会、音楽であれば音楽会、演劇であれば学芸会を積極的に設けるようなものである。皆が音楽家を目指すわけではない。それでも音楽会は子供たちが音楽に触れて、人前で演奏する緊張感、楽しみを経験する場となっている。運動会はどうだろう。音楽同様に、皆がオリンピック選手を目指しているわけではない。しかしこの経験は子供にとってかけがえのない、楽しさや悔しさ、多くの思い出を生み出すきっかけとなっている。英語に対する取り組みもそのような仕掛けを作りたい。すべての人が通訳などの英語のプロになるわけではないし、その必要もない。

　英語を他の技能になぞらえるメタファーは、Thornbury（2005: p.28）も用いている。スピーキングはギター演奏や、車の運転のように技能としてとらえ、そこで技術巧みであるためには、知識が欠かせないとする。また、L2 スピーカーのスピーキングの失敗は、実際に用いる機会の不足が大きく影響していることも指摘する（Thornbury2005: p.28）。

　また日本の英語教育の現状に批判的な論陣を張ってきた鈴木孝夫も、英語はスポーツやピアノのようなもであると記す。「日本人にとっての英語は、スポーツやピアノなどと同じく、特殊技能であるから誰にでもというわけにはいかないことを認める必要がある。英語が国内生活で必要がない日本では、特別にしごかなければできるようにならない。成果に関係なく、好きで楽しくやりたい人は、クラブやサークルで勝手にやればよい。ラジオやテレビでも学べる。国家の役に立つような英語力は、よほどの覚悟としごきがなければ身につかない」（鈴木 2014: p.15）。

　ただし英語の必要性はこれらよりはるかに大きな領域に及ぶことは確かである。入社試験時に、楽器演奏を求められることは通常ない。しかし、

英語の試験を課されることは茶飯にある。社会的ニーズを踏まえるならば、やはり大学の授業の中で「英語を使う」機会をどのように作るかが課題である。大学の中に英語サロン的にくつろいで会話を楽しむ場を提供することも「英語を使う」ために無駄ではない。実際に、グローバル教育を推進する多くの大学においてそうした場が設けられている。授業もそうしたくつろいだ場の延長として位置づけて、使う機会に供しても良い。ESPとして専門教育に位置づける場合には、ディベート実践が最適である。論題そのものを専門的領域の争点にすれば、リサーチの段階でそれに関する知識も増えると同時に、英語スピーチの機会として、必然的に英語を話すことになる。次節では英語を「使う」場としてのディベートについて論じる。

7.4 「使う」場としてのディベート

　大学教育における授業ディベートは、その論題が政治、経済、外交、国際、社会、環境、生命、倫理などの問題と関連している。社会科学系の学部であれば、論題を専門教育のテーマと密接に関連付けることで、英語教育を単に英語を学ぶための学修ではなく、専門的知見を深めることに役立てることが可能である。外交や国際問題、経済や法律上の問題を多く取り上げることで斎藤（2014）のいう世界と伍していくエリート養成のために有益となる。また、ビジネス上の争点や身近な社会問題を取り上げて、エリートとは言えないまでも、今日のグローバル社会の中でたくましく活躍する人材を育てて行くことに有用である。

　学校英語教育の変革を主張する伊東（2008: p.9）は、受信型から発信型への変換が必要だという。「要は、個々の学習者のレベルで『使うために学ぶ』から『使いながら学ぶ』への転換が徹底される必要がある」と主張する（伊東 2008: p.12）。この「使いながら学ぶ」環境は、まさに英語を使う授業の実践である。英語ディベートはその格好の授業時間を提供する。ディベートにおけるスピーチは役割が決まっている。割り当てられた時間は否が応でも英語を話さなければならない。

第Ⅰ部　グローバル人材と英語ディベートをめぐる概念的な議論

　文部科学省「『英語が使える日本人』の育成のための行動計画」(2003)では、国際的な経済競争の激化、地球的規模の問題が山積する中で、世界に発信し、世界と対話する必要性が高まっているとの認識の中で、英語コミュニケーション能力の向上が喫緊の課題とされた。
　コミュニケーションは伝えるべき内容があってはじめて成立する。本来、英語を話すためにコミュニケーションをとるわけではない。伝達したい内容があって、そのための手段として必要な場面で英語を使うのである。グローバル人材にとっての英語はグローバルなコミュニケーションの手段である。手段を目的とはき違えてはいけない。より平易な言葉を使えば、そういう英語は道具である。道具は使わなければ錆びる。
　スピーキングを特集した『多聴多読マガジン』2015年の4月号別冊の座談会において田中茂範はWilga Riversの見解の変化を紹介している（座談会2015: p.59）。1960年代に彼女は、skill-gettingをある程度やったところでskill-usingを鍛えるという発想を持っていたという。しかし80年代になって、外国語学習は初日から、skill-usingをやらなければならないとの見解に変わったことを紹介している。この座談会においては、英語は「使うもの」であることが強調されている。
　しかし、使う実践をしても、それでもって皆がプロのレベルになると考えるのは間違いである。素人が発表会で腕を競うのは楽しいことであろう。しかし、野球でも音楽でも、それで「飯を食おう」と思うのならば、やはり松本道弘的な訓練が欠かせない。英語ディベートを行うことは、「使う」機会の提供である。そこで大事なことは、英語を使って世界に届けたい話題を数多く持つことである。パリ協定について語るなら、それは日本国内の議論のみでは意味がない。アメリカの行動の是非、中国の姿勢、こうしたことを世界と向き合って語る意欲を持って、それをより説得的に伝えるために英語の実力を培うことである。
　母語話者であっても、伝えるべき内容がなければグローバル社会の只中で大した重きを置かれないだろう。伝えるべき内容があれば、人は耳をそばだてる。TEDの主催者はこう語る。「パブリックスピーキングで本当に

7.「使える」から「使う」へのパラダイムシフト

大切なのは、自信でも、存在感でも、口のうまさでもない。『語る価値のあるなにか』をもっていることだ」（アンダーソン 2016: p.28）。人に伝えるためには、内容の充実が欠かせない。それを英語で伝えるとしたなら、英語の鍛錬と共に、いやそれ以上に内容を持たせる努力が必要となる。それをどう培うか。英語のプロを養成するのであるなら、英語ディベートサークルなどでの特訓を積む機会を提供することだろう。正規授業科目ではもっぱら「英語を使う」機会の積極的提供にとどまることでやむをえない。

ネーション（Nation）は、語彙修得について考究する中で、エリス（Ellis）の議論を紹介している（2001: p.58）。エリスは、音声、スペリング、文法規則に対して明確に注意を向けることの価値を無視しないものの、経験が学習における真に本質的な要素であるとみなす。つまり実際に4技能を使う、即ち経験することが外国語の語彙を修得する上で大切になるとの主張である。『実践ビジネス英語』（日本放送協会 2015）が紹介した、アナトゥールの言葉を彷彿とさせる。英語のアウトプットの活動として、授業では具体的に何を行うべきなのか。教師が話すのではなく、学生が英語を話す機会を作り出す。話す機会のみであるなら、ペアワークが効果的となろう。しかしメモをとりながら真剣に相手の主張を聞くような作業はこのペアワークにはそぐわない。そうした授業の展開は、ディベートのラウンドを実践すれば教師側に過度の負担をかけることなく実践できる。

大学教育レベルの内容のある発話に結びつけるにはどうしたら良いだろうか。Nation（2001）も、Four strands のバランスを取ることは教師の技能のひとつであることを指摘する（p.58）。英語の4技能を高める授業の展開が求められているが、そのための手法としても、ディベートの実践が効果的であろう。ディベートによって、英語に対する明白な意識の変化をつかみとることができる。以下、第Ⅱ部において、ディベートの効果を実証的に検討する。

第Ⅱ部
アクション・リサーチとしての英語ディベート実践

8．英語ディベート実践の成果

8.1　アクション・リサーチとしてのディベート

　アクション・リサーチは「授業の担当者である教師自身が、その授業に関するデータを収集・分析し、授業への理解を深めたり、問題点を発見したり、その解決策を探しだしたりするために行う授業研究の方法」と定義される（三上 2010: p.14）。「自分の授業や生徒に対する理解を深め、自分でその答えを探しだすための有効な手段」（三上 同上）である。白畑（2010）は、生徒を知り、教師自身の振り返りのためにアクション・リサーチが有効であることを強調している。本書第Ⅱ部では、ディベートの授業の実践を通したアクション・リサーチによって、どのような課題と発見があったか、以下に検討したい。

8.2　大学アンケート・フォーマットに基づく勉強時間の差異

　ここでは、2012年と2015年に筆者の授業の中で行ったアンケート調査に基づいて分析を行う。調査の目的は、ディベート授業が通常の講義形式の授業と比較した場合に、いかなる相違があるかを明らかにすることである。より具体的には、ディベートがグローバル人材育成に有効と言えるかどうかを検証することにある。3年の間隔をおいたアンケート調査は、毎年の調査を実施できなかった外的要因によるものである。しかし、他方で、過去のアンケート調査での反省を踏まえて、新たにアンケート調査の設計を可能としうる期間でもあった。まずは、2012年のアンケート調査の結果について記す。続いて、2015年版の結果をまとめて紹介し、次いで両者の比較から浮かびあがる結果について考察を加える。

第Ⅱ部　アクション・リサーチとしての英語ディベート実践

　アンケートは中国地方の学生数6000人規模の中堅私大において、少人数のディベートの授業と通常の講義型の授業を行い、その受講生に対して実施した。対象としたクラスは2012年度の前期4月から7月末までの二つのクラスと、2015年度も同時期の二つのクラスである。

　まず2012年度は一般にゼミと呼ばれる演習のクラスでディベートを行った。ここではそれを「2012D」とする。もう一つの講義科目は、「総合教養講義b（国際理解）」のクラスで、ここでは「2012L」としておきたい。前者の履修者数は14名、すべて国際政治学科の2年生の学生で、アンケートには13名からの回答があった。この授業の特徴は、同じ論題について最初に日本語でディベートを行い、翌週に英語でディベートを行う形式としたことである。いきなり英語でディベートを行うには、英語力、ディベート力、共に不足していると判断して、こうしたスタイルとした。論題は授業の1週間前に示した。英語の週はその英訳を実際のラウンドの1週間前に示す。しかし内容的には2週間前に論題が提示されたことになる。これにより一定程度のリサーチを可能にした。ディベートのラウンドそのものは、スピーチ中でもPoint of informationとして適宜質問を発することができる即興型のパーラメンタリー・ディベート方式とした。基本に据えたのがパーラメンタリー・ディベートであったのは、中野（2005）が明らかにしたように、英語力向上のためにはパーラメンタリー・ディベートに軍配が上がるとの先行研究があったことによる。また一つのテーマを掘り下げるのか、それとも時事的な問題について広く知識を得ることを重視するかの違いで、後者を重んじたことによる。

　2012D、つまり2012年度のディベートの授業の様子を紹介しておく。冒頭、前の週にディベート論題に関係する資料として配布している英文の音読を実施する。1パラグラフごとに個別に音読を実施する。いわばこれは英語の口慣らしの時間である。その後すぐに資料に出てくる語彙について単語テストを実施する。英文中、重要であると教員が捉えた英単語を5つほど抽出し、受講生はそれを和訳する。

　こうしたウォーミングアップを経て、政府側3名、野党側3名の出場者

を決定する。基本的にジャンケンによる組分けとした。それぞれがチーム内の役割や戦術を決める時間を15分ほど設けた。

そしていよいよラウンドの開始となる。①首相立論（5分）、②野党党首立論（5分）、③政府側議員第2立論（5分）、④野党側議員第2立論（5分）、⑤野党まとめ（3分）、⑥政府側まとめ（3分）、の順にラウンドは進む。

ラウンドの後、ディベートに参加しなかった受講生（ジャッジ）によって挙手による勝敗のジャッジングを行う。教員からその判定についてジャッジ達にコメントを求める。そしてそのコメントや勝敗を踏まえて、ラウンドに参加した政府側、野党側のそれぞれのメンバーにコメントを求める。

そして最後に、教員から論題そのものについての補足説明、ディベーターのラウンドについてのコメント、ジャッジの判定・コメントに対するコメントを行って、全体の締めくくりとする。なお、2015年のディベートでは、授業終了の前に受講生自身が振り返りとして、ワークシートにコメントを記す時間を設けた。この試みに関しては9章で論じる。また2012Lは一般的な講義形式の授業で、テキストを中心にその重要な点を指摘し、かつ内容の補足を加えながら進めた。

さて、こうした授業の中で10分ほどの時間を割いてアンケートを実施したのは授業の最終回、2科目とも記名方式とした。結果的には実施できなかったが、アンケート後に個別にインタビューを行う可能性もあったことがその理由である。

2012年度のこの大学の授業アンケートでは、履修の仕方、学習態度の自己評価、授業の体系性、教授方法・講義内容、担当者が設定する質問項目があり、その中から本論に関係する、学習態度の自己評価の中から「この授業科目について、授業の前後に合計してどれくらい勉強しましたか」に対する回答、担当者が設定した質問項目、「他の自大学の学生より勉強に多くの時間をかけている」「問題を考える力、解決する力がついた」「他の学生たちと学び合う力がついた」「図書館やインターネットなどを利用

した情報収集力がついた」「国際的な事柄への関心が高まった」の各問に対する回答を分析した。

表 8.1 「この授業科目について、授業の前後に合計してどれくらい勉強しましたか」との質問に対する 2012D の回答

回答[21]	回答者数	構成比
3 時間以上	2	15.4%
2 時間～3 時間以内	2	15.4%
1 時間～2 時間以内	2	15.4%
30 分～1 時間以内	4	30.8%
30 分以内	2	15.4%
全く勉強していない	1	7.7%
無回答	0	0.0%
合計	13	100.0%

8.3 2012 担当者個別質問に対する回答

2012L、つまり総合教養講義 b（国際理解）も 2012D と同じ時期に開講した筆者の講義科目である。受講生はこの大学の全学部から集まり、学年は 2 年生、3 年生、4 年生であった。履修者数は 119 名、アンケートにはその内の 89 名からの回答があった。実施したのは 2012D 同様に、授業の最終日である。筆者個別の質問 5 つも上と同様である。

表 8.2 担当者個別質問に対する 2012D の回答

	そう思う（5）	ややそう思う（4）	あまりそう思わない（2）	そう思わない（1）	無回答	平均[22]
1）他の自大学の学生より勉強に多くの時間をかけている。[23]	2	3	6	2	0	2.8

---

[21] 時間の区分には重複がある。「以内」ではなく「未満」を用いるべきだが、この大学のアンケート・フォーマットに従った。

8．英語ディベート実践の成果

2）問題を考える力、解決する力がついた。	7	5	1	0	0	4.4
3）他の学生たちと学び合う力がついた。	7	5	1	0	0	4.4
4）図書館やインターネットなどを利用した情報収集力がついた。	6	6	0	1	0	4.2
5）国際的な事柄への関心が高まった。	9	4	0	0	0	4.7

表8.3 「この授業科目について、授業の前後に合計してどれくらい勉強しましたか」との質問に対する2012Lの回答

回答	回答者数	構成比
3時間以上	9	10.1%
2時間～3時間以内	6	6.7%
1時間～2時間以内	9	10.1%
30分～1時間以内	15	16.9%
30分以内	28	31.5%
全く勉強していない	22	24.7%
無回答	0	0.0%
合計	89	100.0%

表8.4 担当者個別質問に対する2012Lの回答

設問内容	そう思う(5)	ややそう思う(4)	あまりそう思わない(2)	そう思わない(1)	無回答	平均
1）他の自大学の学生より勉強に多くの時間をかけている。	6	26	32	12	13	2.8

---

[22] そう思う＝5、ややそう思う＝4、あまりそう思わない＝2、そう思わない＝1と点数化。
[23] 実際に実施したアンケートの質問では「自大学」の箇所は、この大学の名称を用いている。

第Ⅱ部　アクション・リサーチとしての英語ディベート実践

2）問題を考える力、解決する力がついた。	20	46	11	0	12	4.0
3）他の学生たちと学び合う力がついた。	12	29	31	4	13	3.2
4）図書館やインターネットなどを利用した情報収集力がついた。	24	27	24	2	12	3.6
5）国際的な事柄への関心が高まった。	43	34	0	0	12	4.6

8.4　2012 学習時間の差異の図示

あらためてディベート授業と講義科目についてのアンケート結果について、より視覚的に比較をしてその差についての理解を深めておきたい。

両者の学習時間を比較したのが下の図 8.1 である。

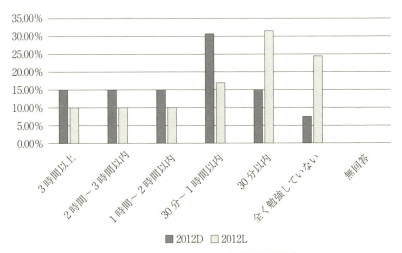

図 8.1　2012D と 2012L の学習時間比較

この授業のために「3 時間以上」の勉強をしている学生は、2012D では 15 パーセントに及ぶ。逆に「全く勉強していない」と回答した学生は、2012L では 4 分の 1 近くを占める。厳密な統計的な差異については後述する。

8.5 2012の個別質問の比較対象

それぞれの質問に対して、図示すると以下の一連のグラフになる。

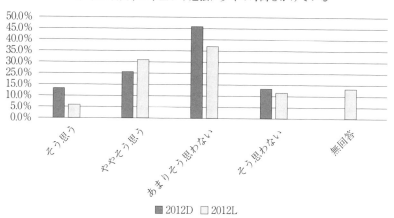

図 8.2　2012D と 2012L の勉強時間に関する認識の比較

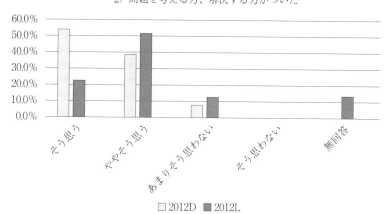

図 8.3　2012D と 2012L の考える力、解決する力に関する認識の比較

第Ⅱ部　アクション・リサーチとしての英語ディベート実践

3）他の学生たちと学び合う力がついた

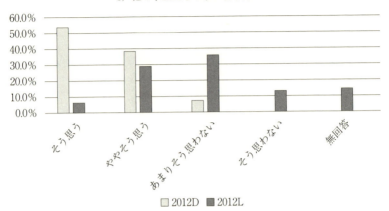

図 8.4　2012D と 2012L の他の学生たちと学び合う力に関する認識の比較

4）図書館やインターネットなどを利用した情報収集力がついた

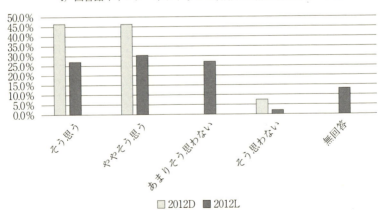

図 8.5　2012D と 2012L の情報収集力に関する認識の比較

5) 国際的な事柄への関心が高まった

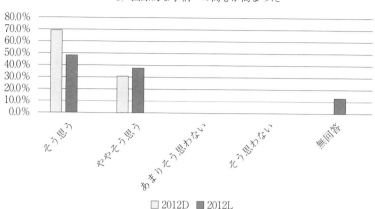

図 8.6　2012D と 2012L の国際的な事柄への関心に関する認識の比較

8.6　2012 アンケートの統計的な検定のための仮説

　上記のグラフ化した結果からは、ディベートと講義において差が存在するように受け止められるが、この差はより厳密に統計的に有意な差と言えるかどうかを以下で検証する。次の仮説を設定して仮説検定を行う。

1) ディベート授業受講者の前後の学習時間は講義科目受講者のそれとの間に差がある。
2) ディベート授業受講者は「問題を考える力、解決する力がついた」とする認識が講義科目受講者のそれとの間に差がある。（大学生としての学習習慣）
3) ディベート授業受講者は「他の学生たちと学びあう力がついた」とする認識が講義科目受講者のそれとの間に差がある。（協働作業）
4) ディベート授業受講者は「図書館やインターネットなどを利用した情報収集力がついた」とする認識が講義科目受講者のそれとの間に差がある。（大学生としての学習習慣）
5) ディベート授業受講者は「国際的な事柄への関心が高まった」とす

る認識が講義科目受講者のそれとの間に差がある。（グローバル・シティズンシップ）

上記2～5）は2012年に実施したアンケートにおける担当者の個別質問に依拠している。また下記6）～10）は2015年のアンケートにおける担当者による個別質問に基づいた仮説である。

6）ディベート授業受講者は「これまで以上にニュースに関心を持つようになった」とする認識が講義科目受講者のそれとの間に差がある。（シティズンシップ）
7）ディベート授業受講者は「選挙の時には投票に行く」とする認識が講義科目受講者のそれとの間に差がある。（シティズンシップ）
8）ディベート授業受講者は「これまで以上に政治的争点に関心を持つようになった」とする認識が講義科目受講者のそれとの間に差がある。（シティズンシップ）
9）ディベート授業受講者は「これまで以上に理由をつけて自分の意見を言えるようになった」とする認識が講義科目受講者のそれとの間に差がある。（アカウンタビリティ）
10）英語ディベート授業受講者は受講の前後で英語運用能力に対する自己評価に差がある。（英語力）

8.7 2012時間の差についての統計的検定

「1）ディベート授業受講者の前後の学習時間は講義科目受講者のそれとの間に差がある」の仮説検定のために、帰無仮説「H01）ディベート授業受講者の前後の学習時間は講義科目受講者のそれとの間に差がない」を検定する。時間は3時間以上＝1から、全く勉強していない＝6と数値化している大学のアンケートの集計に準じている[24]。

8．英語ディベート実践の成果

表 8.5　学習時間の差の統計量

グループ統計量

科目名		度数	平均値	標準偏差	平均値の標準誤差
I-2-2	D	13	3.38	1.557	.432
	L	89	4.27	1.594	.69

表 8.6　学習時間の差の統計的検定

独立サンプルの検定

		等分散性のためのLeveneの検定		2つの母平均の差の検定					
		F値	有意確率	t値	自由度	有意確率（両側）	平均値の差	差の標準誤差	差の95%信頼区間 下限	上限
I-2-2	等分散を仮定する	.020	.888	-1.875	100	.064	-.885	.472	-1.821	.051
	等分散を仮定しない			-1.909	15.905	.074	-.885	.464	-1.868	.098

　上は、統計ソフト SPSS を用いて検定した結果をコピーした。等分散性のための Levene の検定のために F 値を見ると有意確率は .888 で .05 未満ではないので、「等分散を仮定する」を参照する。有意水準５％で両側検定の t 検定を行った結果、$t(100) = -1.875$、$p = .064$ であり、ディベートのクラスと講義のクラスで差がないとする帰無仮説を棄却できない。従って、対立仮説を採択することはできない。平均値そのもの、グラフを見ると確かにディベートクラスにおいて学習時間は多い傾向を見ることができるが、サンプル数も限定的にとどまっていて、統計的には有意な差ではな

---

[24] この大学のアンケート調査の結果の数値については注意を要する。総体的な点数は３時間以上＝６から、全く勉強していない＝１として平均点を示しているが、アンケートの個票ではこれを反転させて３時間以上を１点、全く勉強していないを６点として示している。したがって個票に基づく統計的分析では、より長く勉強しているディベートクラスの平均値が低い数値となる。また本章の他の分析においても点数は反転しており、「そう思う」＝１点、「ややそう思う」＝２点、「あまりそう思わない」＝４点、「そう思わない」＝５点として計算されている。

かった。下で行った分析も特に記述していない場合は SPSS を用いている。ただし図表としてコピーはせず、結果を記すことに留めている。

上の学習時間に関連して、2012 の個別質問 1)「他の自大学の学生より勉強に多くの時間をかけている」について問うた答えは、グラフにおいても 2012D と 2012L でほとんど差は見られなかった。下に統計検定の結果を示しておく（表 8.7 参照）。

表 8.7 2012 年ディベートクラスと 2012 年講義クラスの個別質問 1)「他の自大学の学生より勉強に多くの時間をかけている」に対する回答の差の平均値と標準偏差

2012 年クラス	平均値	標準偏差	人数
ディベート	2.62	.961	13
講義	2.66	.841	76

表 8.7 に表されている差は、有意水準 5 ％で両側検定の t 検定を行った結果、$t(87) = -.165$、$p = .869$ であり、ディベートのクラスと講義のクラスで差がないとする帰無仮説を棄却できない。従って、対立仮説を採択することはできない。

8.8 2012 考える力についての統計的検定

「2) ディベート授業受講者は「問題を考える力、解決する力がついた」とする認識が講義科目受講者のそれとの間に差がある」の仮説検定のために帰無仮説「H02) ディベート授業受講者は「問題を考える力、解決する力がついた」とする認識が講義科目受講者のそれとの間に差はない」を検定する

表 8.8 2012 年ディベートクラスと 2012 年講義クラスの個別質問 2)「問題を考える力、解決する力がついた」に対する回答の差の平均値と標準偏差

2012 年クラス	平均値	標準偏差	人数
ディベート	1.54	.660	13
講義	1.88	.628	77

図 8.3、表 8.8 に表されている差は、有意水準 5 ％で両側検定の t 検定を行った結果、$t(88) = -1.818$、$p = .072$ であり、ディベートのクラスと講義のクラスで差がないとする帰無仮説を棄却できない。従って、対立仮説を採択することはできない。平均値そのもの、グラフを見ると確かにディベートクラスにおいて、問題を考える力、解決する力がついたとする傾向を見ることができるが、ここでもサンプル数が限定的にとどまっていて、統計的には有意な差ではなかった。ディベートのクラスと講義のクラスで差がないとする帰無仮説を棄却できない。従って、対立仮説を採択することはできない。平均値そのもの、グラフを見ると確かにディベートクラスにおいて「考える力」にそう思うが多いものの、統計的には有意な差ではなかった。

8.9　2012 他の学生たちと学び合う力についての統計的検定

「3）ディベート授業受講者は「他の学生たちと学びあう力がついた」とする認識が講義科目受講者のそれとの間に差がある」の仮説検定のために帰無仮説「H03）ディベート授業受講者は「他の学生たちと学びあう力がついた」とする認識が講義科目受講者のそれとの間に差がない」を検定する。

表 8.9　2012 年ディベートクラスと 2012 年講義クラスの個別質問3）「他の学生たちと学びあう力がついた」に対する回答の差の平均値と標準偏差

2012 年クラス	平均値	標準偏差	人数
ディベート	1.54	.660	13
講義	2.36	.812	76

表 8.9 に表されている差は、有意水準 5 ％で両側検定の t 検定を行った結果、$t(87) = -3.434$、$p = .001$ であり、ディベートのクラスと講義のクラスで差がないとする帰無仮説を棄却することができる。従って、対立仮説を採択する。ディベートクラスにおいて、他の学生たちと学びあう力がついたと認識する学生が統計的に有意に多いということが可能である。

これは授業、講義担当者として納得の行く結果である。ディベートの授業では、講義スタイルの2012Lでは、時折、受講生に質問をして、反応のない場合などに隣同士で相談することを可とする場面もあったが、基本的には単独で講義を聴くスタイルで、他の受講生と協力し合う状況にはなかった。

他の受講生とのやりとり、刺激を受け合う状況、問題を共に考え、検討し、時に議論する機会は、疑いなく、ディベートスタイルにおいて取り入れが容易である。

8.10　2012 調べる力についての統計的検定

「4) ディベート授業受講者は「図書館やインターネットなどを利用した情報収集力がついた」とする認識が講義科目受講者のそれとの間に差がある」の仮説検定のために帰無仮説（H04）ディベート授業受講者は「図書館やインターネットなどを利用した情報収集力がついた」とする認識が講義科目受講者のそれとの間に差がない」を検定する。

表 8.10　2012年ディベートクラスと2012年講義クラスの個別質問4) ディベート授業受講者は「図書館やインターネットなどを利用した情報収集力がついた」に対する回答の差の平均値と標準偏差

2012年クラス	平均値	標準偏差	人数
ディベート	1.69	.855	13
講義	2.05	.857	77

表8.10に表されている差は、有意水準5％で両側検定のt検定を行った結果、$t(88) = -1.400$, $p = .165$ であり、ディベートのクラスと講義のクラスで差がないとする帰無仮説を棄却できない。従って、対立仮説を採択することはできない。平均値そのもの、グラフを見ると確かにディベートクラスにおいて、情報収集力がついたと認識する傾向を見ることができるが、やはりサンプル数も限定的にとどまっていて、統計的には有意な差ではなかった。

8.11 2012 国際的事柄への関心についての統計的検定

2012年度に関しては、「国際的な事柄への関心が高まった」とする認識を巡って回答してもらっている。2012年のディベートと講義科目の差は下にあるように有意ではなかった。

表8.11 2012年ディベートクラスと2012年講義クラスの「国際的な事柄への関心が高まった」に対する回答の差の平均値と標準偏差

2012年クラス	平均値	標準偏差	人数
ディベート	1.31	.480	13
講義	1.41	.500	77

表8.11に表されている差は、有意水準5％で両側検定のt検定を行った結果、$t(16.699) = -.924, p = .369$ であり、ディベートのクラスと講義のクラスで差がないとする帰無仮説を棄却できない。従って、対立仮説を採択することはできない。国際的な事柄への関心が高まったと認識する傾向を見ることができるが、講義科目も「国際理解」を目的としており、両方のクラスにおいて多くがそう思うと回答したことを示す1点台の平均となっている。統計的に有意な差はなかったが、両者の授業でこの点に関する成果を確認することができる。

講義科目も国際理解を標榜した科目であった。両者において、「国際的な事柄への関心が高まった」との回答が多数であり、これを全面的に否定する回答はなかった。つまり、結論的には、この授業ディベートは十分に国際的な関心を高めたと言える。

8.12 2015ディベート勉強時間
＜2015年の授業アンケート＞

2015年度前期においても、英語でディベートを行った少人数クラスと、講義形式の総合教養講義b（国際理解）の二つのクラスにおいて、2012年度と類似の授業アンケートを実施している。授業の前後の勉強時間については完全に同様の質問である。

表8.12 「この授業科目について、授業の前後に合計してどれくらい勉強しましたか」との質問に対する2015Dの回答

回答[25]	回答者数	構成比
3時間以上	3	25.0%
2時間〜3時間以内	1	8.3%
1時間〜2時間以内	3	25.0%
30分〜1時間以内	5	41.7%
30分以内	0	0.0%
全く勉強していない	0	0.0%
無回答	0	0.0%
合計	12	100.0%

8.13 2015担当者個別質問

2015年度についても担当者が設定した質問項目に対する回答の結果をまとめる（表8.13参照）。

表8.13 担当者個別質問に対する2015Dの回答

	そう思う（5）	ややそう思う（4）	あまりそう思わない（2）	そう思わない（1）	無回答	平均[26]
1）この授業の履修によって勉強する時間が増えた	5	4	1	0	2	4.3
2）これまで以上にニュースに関心を持つようになった	8	2	0	0	2	4.8
3）選挙の時には投票に行く	9	1	0	0	2	4.9
4）これまで以上に政治的争点に関心を持つようになった	6	4	0	0	2	4.6
5）これまで以上に理由をつけて自分の意見を言えるようになった	7	3	0	0	2	4.7

---

[25] 時間の区分には重複がある。「以内」ではなく「未満」を用いるべきだが、この大学のアンケート・フォーマットに従った。
[26] 表の点数は、そう思う＝5、ややそう思う＝4、あまりそう思わない＝2、そう思わない＝1との点数化である。

2015L、つまり総合教養講義b（国際理解）も2015Dと同じ時期に開講した筆者の講義科目である。受講生はこの大学の全学部から集まり、学年は2年生、3年生、4年生であった。履修者数は102名、アンケートにはその内の80名からの回答があった。実施したのは2015D同様に、授業の最終日である。筆者個別の質問5つも2015Dと同様である。

8.14　2015講義科目勉強時間

2015年度の授業においても、基礎的データとして、授業の予習、復習の勉強時間関する項目を尋ねている（表8.14参照）。

表8.14　「この授業科目について、授業の前後に合計してどれくらい勉強しましたか」との質問に対する2015Lの回答

回答	回答者数	構成比
3時間以上	13	16.3%
2時間〜3時間以内	9	11.3%
1時間〜2時間以内	14	17.5%
30分〜1時間以内	17	21.3%
30分以内	23	28.8%
全く勉強していない	4	5.0%
無回答	0	0.0%
合計	80	100.0%

8.15　2015講義科目とディベートの担当者質問アンケート比較

アンケート調査の既成の質問に加えて、授業担当者が独自に設けた質問についての回答が以下の通り並ぶ。

第Ⅱ部　アクション・リサーチとしての英語ディベート実践

表8.15　担当者個別に対する2015Lの回答

	そう思う（5）	ややそう思う（4）	あまりそう思わない（2）	そう思わない（1）	無回答	平均
1）この授業の履修によって勉強する時間が増えた	17	36	15	0	12	3.8
2）これまで以上にニュースに関心を持つようになった	39	26	5	0	10	4.4
3）選挙の時には投票に行く	44	19	3	3	11	4.4
4）これまで以上に政治的争点に関心を持つようになった	36	30	3	1	10	4.4
5）これまで以上に理由をつけて自分の意見を言えるようになった	27	33	10	0	10	4.1

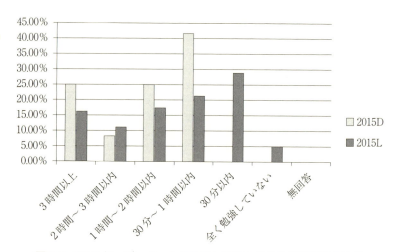

図8.7　2015年、ディベートクラスと講義クラスの勉強時間の比較

　この勉強時間について、SPSSを用いて分析した結果が下である。ここでも2015年に関する最初の分析だけ、SPSSの解析結果のコピーを掲載しておく。2012年同様、数値が反転されていることには注意を要する。

表 8.16　2015 年勉強時間の差の統計量

グループ統計量

科目名		度数	平均値	標準偏差	平均値の標準誤差
I-2-2	D	12	2.83	1.267	.366
	L	80	3.50	1.534	.172

表 8.17　2015 年勉強時間の差の統計的検定

独立サンプルの検定

		等分散性のためのLeveneの検定		2つの母平均の差の検定					
		F値	有意確率	t値	自由度	有意確率（両側）	平均値の差	差の標準誤差	差の95%信頼区間 下限	差の95%信頼区間 上限
I-2-2	等分散を仮定する	1.368	.245	-1.432	90	.156	-.667	.466	-1.592	.259
	等分散を仮定しない			-1.650	16.260	.118	-.667	.404	-1.522	.189

　等分散性のための Levene の検定のために F 値を見ると有意確率は .245 で .05 未満ではないので、「等分散を仮定する」を参照する。有意水準5％で両側検定の t 検定を行った結果、$t(90) = -1.432$、$p = .156$ であり、ディベートのクラスと講義のクラスで差がないとする帰無仮説を棄却できない。従って、対立仮説を採択することはできない。本調査における平均値を見ると確かにディベートクラスにおいて学習時間は多い。たとえば「30分以内」「全く勉強していない」との回答はディベートクラスにおいては皆無であったが、講義のクラスでは両者を合わせると 30 パーセントを超える。ただし調査対象数も限定的にとどまっていて、統計的には有意な差ではなかった。

　時間に関連してさらに「この授業の履修によって勉強する時間が増えた」を尋ねた結果が下である。

第Ⅱ部　アクション・リサーチとしての英語ディベート実践

8.16　2015 講義科目とディベートの担当者質問アンケート比較のグラフ化

　2015 年のアンケートの担当者個別の質問について、まとめてグラフ化したものを下に示す。

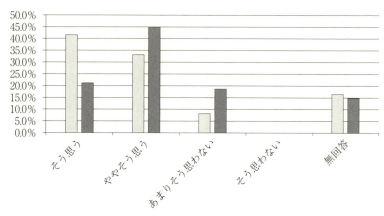

図 8.8　2015 年ディベートクラスと講義クラスの勉強時間量の増加についての比較

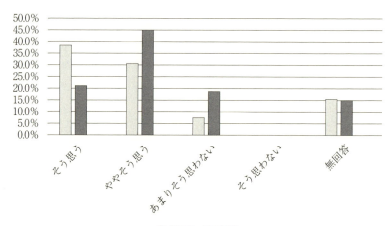

図 8.9　ニュースに対する関心の差の比較

8. 英語ディベート実践の成果

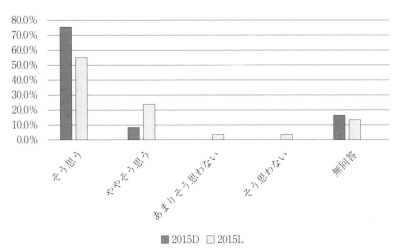

図8.10　選挙の時の投票行動の比較

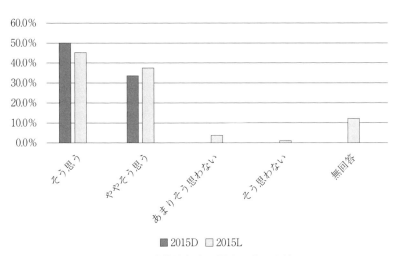

図8.11　政治的争点の関心の差の比較

第Ⅱ部　アクション・リサーチとしての英語ディベート実践

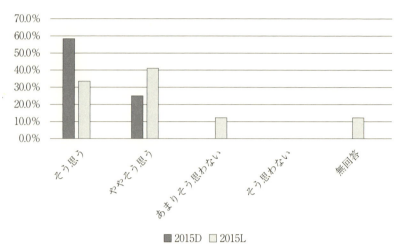

図 8.12　理由をつけて説明できるようになったかどうかの比較

8.17　2015 講義科目とディベートの担当者質問アンケート比較の統計的検定

2015 年のアンケート調査における質問、1）この授業の履修によって勉強する時間が増えたかどうかのアンケート結果の分析は下の通りである（表 8.18 参照）。

表 8.18　2015 年ディベートクラスと 2015 年講義クラスの「この授業によって勉強する時間が増えた」に対する回答の差の平均値と標準偏差

2015 年クラス	平均値	標準偏差	人数
ディベート	1.60	.699	10
講義	1.97	.690	68

図 8.8 と表 8.18 に表されている差は、有意水準 5％で両側検定の t 検定を行った結果、$t(76) = -1.582$、$p = .118$ であり、ディベートのクラスと講義のクラスで差がないとする帰無仮説を棄却できない。従って、対立仮説を採択することはできない。「そう思う」に関してはディベートクラス

が多いが、「ややそう思う」については講義科目の方が多い。そうした点もあって、統計的には有意な差ではなかった。

質問の6）は、ディベート授業受講者は「これまで以上にニュースに関心を持つようになった」とする認識が講義科目受講者のそれとの間に差があるであった。分析は下の通りである（表8.19参照）。

表8.19　2015年ディベートクラスと2015年講義クラスの「これまで以上にニュースに関心を持つようになった」に対する回答の差の平均値と標準偏差

2015年クラス	平均値	標準偏差	人数
ディベート	1.20	.422	10
講義	1.51	.631	70

図8.9と表8.19に表されている差は、有意水準5％で両側検定のt検定を行った結果、$t(15.477) = -2.052$、$p = .058$であり、ディベートのクラスと講義のクラスで差がないとする帰無仮説を棄却できないものの、0.1未満であることから、ディベート授業受講者は「これまで以上にニュースに関心を持つようになった」とする認識をもつ傾向があると言える。

続く質問の7）ディベート授業受講者は「選挙の時には投票に行く」とする認識が講義科目受講者のそれとの間に差がある、については表8.20を参照されたい。

表8.20　2015年ディベートクラスと2015年講義クラスの「選挙の時には投票に行く」に対する回答の差の平均値と標準偏差

2015年クラス	平均値	標準偏差	人数
ディベート	1.10	.316	10
講義	1.49	.779	70

図8.10と表8.20に表されている差は、有意水準5％で両側検定のt検定を行った結果、$t(28.830) = -2.865$、$p = .008$であり、ディベートのクラスと講義のクラスで差がないとする帰無仮説を棄却できる。したがって対立仮説を採択し、ディベート授業受講者は講義クラスの受講者より「選

第Ⅱ部　アクション・リサーチとしての英語ディベート実践

挙の時には投票に行く」とする認識を強くもつと言える。

　質問の8）は、ディベート授業受講者は「これまで以上に政治的争点に関心を持つようになった」とする認識が講義科目受講者のそれとの間に差がある、かを尋ねた。結果は次の表8.21の通りである。

表8.21　2015年ディベートクラスと2015年講義クラスの「これまで以上に政治的争点に関心を持つようになった」に対する回答の差の平均値と標準偏差

2015年クラス	平均値	標準偏差	人数
ディベート	1.40	.516	10
講義	1.56	.651	70

　図8.11と表8.21に表されている差は、有意水準5％で両側検定のt検定を行った結果、$t(78) = -.729$, $p = .468$であり、ディベートのクラスと講義のクラスで差がないとする帰無仮説を棄却できない。従って、対立仮説を採択することはできない。ディベートと講義科目のクラスの差は、統計的には有意ではなかった。

　このように授業ディベートと講義科目である国際理解では差がなかった。しかしこれらの項目で、表8.15で明らかなように、「そう思う」を5点とした時の平均が4点台という高い値を出していた。シティズンシップに関しては、両者ともその養成に成功している。特に、6）と7）に関しては、ディベートの側でその伸長が顕著であったことを確認できる。

　続く質問は9）のディベート授業受講者は「これまで以上に理由をつけて自分の意見を言えるようになった」とする認識についてである（表8.22参照）。

表8.22　2015年ディベートクラスと2015年講義クラスの「これまで以上に理由をつけて自分の意見を言えるようになった」に対する回答の差の平均値と標準偏差

2015年クラス	平均値	標準偏差	人数
ディベート	1.30	.483	10
講義	1.76	.690	70

図8.12と表8.22に表されている差は、有意水準5％で両側検定のt検定を行った結果、$t(78) = -2.020$、$p = .047$であり、ディベートのクラスと講義のクラスで差がないとする帰無仮説を棄却できる。したがって対立仮説を採択しディベート授業受講者は「これまで以上に理由をつけて自分の意見を言えるようになった」とする認識が講義科目受講者のそれとの間に統計的に有意な差があった。

　このことから、理由をつけた主張の展開を体得するために、通常の講義型の授業と比して有効であることがわかる。能力としてのアカウンタビリティのために、授業ディベートの実践が求められる。

　以上、6) ～ 9) は2015の担当者個別質問による、講義科目とディベート科目の比較であった。

　下は、2015年に、アンケートとは別の形で、アクション・リサーチとして展開した調査の結果である。まず、ディベート授業で、授業開始の当初と、学期末とで、英語運用能力に関する自己評価の差を比べた結果である。仮説10) に基づく調査となっている。仮説は、10) 英語ディベート授業受講者は受講の前後で英語運用能力に対する自己評価に差がある、である。ここでCEFRは、＜理解すること／（聞くこと）＞、＜理解すること／（読むこと）＞、＜話すこと／（やり取り）＞、＜話すこと／（表現）＞、＜書くこと＞の5つの項目（Appendix参照）について、A1=1、A2=2、B1=3、B2=4、C1=5、C2=6と点数化し、一人ひとりそれらの平均点を点数として、学期のはじめと末で比べる方式とした。同一の人物なので対応のあるt検定を行った結果について、下にSPSSを用いた分析結果をコピーしておく。

表8.23　英語運用能力の受講前後の差の調査に基づく統計量

グループ統計量

		平均値	度数	標準偏差	平均値の標準誤差
ペア1	前	2.2000	10	.58878	.18619
	後	2.8200	10	.82435	.26068

表 8.24　英語運用能力の受講前後の差の調査に基づく統計検定

対応サンプルの検定

		対応サンプルの差							
		平均値	標準偏差	平均値の標準誤差	差の95%信頼区間 下限	差の95%信頼区間 上限	t値	自由度	有意確率(両側)
ペア1	前-後	-.62000	.35839	.11333	-.87638	-.36362	-5.471	9	.000

　授業の前後でCEFRの回答で、平均点の差が統計的に有意かどうかを確かめるため、有意水準5％で両側検定のt検定を行った結果が表8.23と表8.24である。それによると、$t(9)=-5.471, p=.000$であり、授業の前後の平均点の差に有意な差が見られた。

　以上アクション・リサーチ全体のまとめとして表8.25を作成した。また9章においては、シティズンシップの涵養の視点から、さらにアンケート結果の分析を敷衍する。

8. 英語ディベート実践の成果

表8.25 仮説検定のまとめ

仮説	結果
1) ディベート授業受講者の前後の学習時間は講義科目受講者のそれとの間に差がある。	△
2) ディベート授業受講者は「問題を考える力、解決する力がついた」とする認識が講義科目受講者のそれとの間に差がある。	×
3) ディベート授業受講者は「他の学生たちと学びあう力がついた」とする認識が講義科目受講者のそれとの間に差がある。	○
4) ディベート授業受講者は「図書館やインターネットなどを利用した情報収集力がついた」とする認識が講義科目受講者のそれとの間に差がある。	×
5) ディベート授業受講者は「国際的な事柄への関心が高まった」とする認識が講義科目受講者のそれとの間に差がある。	×
6) ディベート授業受講者は「これまで以上にニュースに関心を持つようになった」とする認識が講義科目受講者のそれとの間に差がある。	△
7) ディベート授業受講者は「選挙の時には投票に行く」とする認識が講義科目受講者のそれとの間に差がある。	○
8) ディベート授業受講者は「これまで以上に政治的争点に関心を持つようになった」とする認識が講義科目受講者のそれとの間に差がある。	×
9) ディベート授業受講者は「これまで以上に理由をつけて自分の意見を言えるようになった」とする認識が講義科目受講者のそれとの間に差がある。	○
10) 英語ディベート授業受講者は受講の前後で英語運用能力に対する自己評価に差がある。	○

○：仮説採択、△：仮説の傾向を確認できる、×：帰無仮説を棄却できない

9. シティズンシップ涵養の視点

9.1 他者理解のために

　グローバル人材は、自国の視点にのみ拘泥して、異文化理解を拒否する人と対極にある。地球的な課題に関心を持ち、意欲的にコミュニケーションを取ろうとす姿勢が望まれる。国際的な議論への参画のためには、英語を駆使することも必要となる。こうしたことを大胆にまとめれば、日本人の場合であるなら、日本語と世界共通言語とも言える英語で「質問できる人」を育てることである。関連した議論は、グローバル・シティズンシップをめぐる考察においても見ることができる。以下に、池野の論稿、「グローバル時代のシティズンシップ教育」に依拠して、ディベートとの接点を確認しておきたい。

　池野（2014）は、21世紀のグローバル社会で求められているシティズンシップを論じるに当たって、教育基本法第1条の教育の目的、「教育は、人格の完成を目指し、平和で民主的な国家及び社会の形成者として必要な資質を備えた心身ともに健康な国民の育成を期して行われなければならない」を紹介することから始める（p.2）。池野によればこれは構成員教育である。構成員教育とは「社会のメンバーをその社会の一員にするとともに、その社会を作り出す人員として育てることである」（p.2）。シティズンシップ教育はその構成員教育の一形態であり、教育的概念として、「学校やコミュニティにおいて民主主義社会の構成員に一人ひとりの子どもたち（や成人たち）を置き、自らの経験において構成員として必要な資質を自ら形成させる教育であり、批判的な視野を持って市民社会とその発展への寄与・貢献を積極的に進め、自らのアイデンティティを複合化すること

を目的にするもの」(p.2) である。このようにわが国の教育において、理念や方向は示されているものの、目標の実現に関しては、不十分であったと記す。そして、その一因は「具体性に欠けていた」ことを指摘する(p.2)。

　本書の眼目は、英語ディベートの教育的効果を検証することにあるが、シティズンシップ教育の具体的な実践としても有用であることがわかる。池野 (2014) はこれまでのシティズンシップ教育の問題点をいくつか指摘する。その一つが包摂―排除問題であり、国民や市民という概念は、性別、人種、民族、文化、宗教などとともに、境界線を作りだす (p.9) とする。それに対する処方箋として提示される見解は、ハーバーマス (Habermas) の他者への寛容であり、ロス (Ross) の複合的なアイデンティティである。「他者の声を聞き、その論理に耳を傾け、その正当性を吟味検討することができることが必要である。…（中略）…異質な他者を尊重し共存を受け入れ、他者との利害対立、拮抗をも覚悟し、他者との差異を受容し寛容になることが必要であろう」(池野 2014:p.9) とするハーバーマスの主張、さらには、「自己の中において他者を意識し、自己のアイデンティティが複合的であることを理解し…（中略）…これらのアイデンティティの複合性とその形成と再形成の二重性を検討することが必要なのである」(池野 2014: p.9) と、ロスを援用しつつ主張している。

　この主張に賛意を表したい。しかしここでも池野の論稿が冒頭で指摘しているように、これを具体的にどのように実践するかが課題として残っている。ディベートは、論題に含意される主張に対して、賛成と反対の両方を考えなければならない。ディベートがなければ単純に他者の意見として斥けていたかもしれない声を自らの主張として吟味検討しなければならない。その作業が真剣であればあるほど、自らがよって立つアイデンティティすら、可塑性に欠く一枚岩の塊とは違うことを自覚することになる。ディベートという活動を教室で実践することは、グローバル時代のシティズンシップ教育に有用である。

第Ⅱ部　アクション・リサーチとしての英語ディベート実践

9.2　アンケートの分析

　2012年と2015年に、ディベートの授業と講義科目における比較を検討するアンケートの全体を前の章で示した。以下に、アンケートが詳らかにしようとした特に重要な概念に焦点を当てて、あらためて分析の意味について述べておきたい。

　授業ディベートの効果として、グローバル・シティズンシップに関連した意識の変化が見られたかどうかの確認をしておきたい。上で設定した仮説からは、次の5）〜8）が該当する。5）は2012年のアンケート、6）〜8）は2015年のアンケートである。

5）ディベート授業受講者は「国際的な事柄への関心が高まった」とする認識が講義科目受講者のそれとの間に差がある。（グローバル・シティズンシップ）

6）ディベート授業受講者は「これまで以上にニュースに関心を持つようになった」とする認識が講義科目受講者のそれとの間に差がある。（シティズンシップ）

7）ディベート授業受講者は「選挙の時には投票に行く」とする認識が講義科目受講者のそれとの間に差がある。（シティズンシップ）

8）ディベート授業受講者は「これまで以上に政治的争点に関心を持つようになった」とする認識が講義科目受講者のそれとの間に差がある。（シティズンシップ）

　5）については差があるとは言えなかった。

　ディベートでは数多く、国際的な問題を取り上げた。しかし講義科目も「国際理解」であり、逆に国際的な問題に理解が深まらなければ困る。双方とも1点台[27]と示していることから、十分に国際的な関心を高めたと

---

[27] 分析において点数は反転させている。ここでは1点台がもっとも肯定的な回答となる。

言える。

6）において、ディベートのクラスと講義のクラスで差がないとする帰無仮説を棄却できないものの、0.1未満であることから、ディベート授業受講者は「これまで以上にニュースに関心を持つようになった」とする認識をもつ傾向があると言える。

7）からは「選挙の時には投票に行く」とする認識が講義科目受講者のディベート授業のそれとの間に差がある。

8）については授業ディベートと講義科目である国際理解では差がなかった。しかしこれらの項目で、平均が1点台という高い値を示していた。シティズンシップに関しては、両者ともに、授業の最終回で示された受講者の意識において、一定の涵養につながっていると理解できよう。特に、6）と7）に関しては、ディベートの側でその伸長が顕著であったことを確認できる。

あらためて7）の項目、個別アンケートの質問番号では3）となっていた調査の結果のグラフを再掲しておきたい（図9.1参照）。ディベート授業の受講者は、70パーセントを超えて、投票に行くことに関して、「そう思

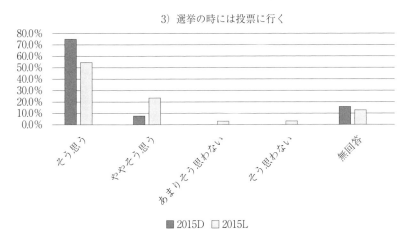

図 9.1　選挙の時の投票行動の比較

う」と回答している。

9.3　社会問題に関する英文論述量の変化

2013年度前期のディベートクラス受講者数は6名であった。その6名に、「現代の社会問題について（国内、国際を問わず）、英語で自由に論述しなさい」という問題を、第1回の授業と第15回目の授業で出題した。辞書の参照は一切不可とした。個人の特定を避けるために、すべての受講生に1301から1306の番号を付して識別する。初回を「前」とし、第15回目の最終回を「後」とした。スペリングのミス、文法上の誤りなども含め、すべて忠実に転写した。なお、それぞれの末尾の（　）の中に、単語数を表記した。

（1301前）

Airpolution is CO2 is increased（5）

（1301後）

I think that Article of 9 should not revice. Now Japan is trying to revice row. But, row is important. Japan lose America. war. So, America create Japan's row. thus, Japan should not revice row. Only Japan not problem. Japan's row was created of Japan never war. Japan never war. Japan was leaned from miss. Thus, Japan should not revice article of 9 and 96.　（65）

（1301前）では文章と言えるものはない。大気汚染と二酸化炭素の増加を指摘したかったと推察される。他方、（1301後）ではlawのことであると推察できる箇所をrowとしてしまっていること、またreviseとすべき箇所をreviceとしているなど、多くの誤りはある。しかし、当該学生は、（1301前）の解答時はただただ頭を抱えるだけで15分を過ごした。大きな変化を見て取れる。

9．シティズンシップ涵養の視点

（1302 前）

Japan has many problem. First, Japan is a lot of old people. Second, Japan is little children. Third, Japanese people is cut down many trees. （25）

（1302 後）

My country is some problem. The first problem is young people may be go war. I don't propose. It's very strong. Because 60 years ago there is world war Ⅱ. There was a lot of people lost your family and lost your friend. It's said. So, I think it. I shouldn't lotetion. The second problem is earth is warm. This summer is hot too. But, it shouldn't use an aircontrol. Because it warmmer than this summer. We shouldn't use an aircontrol. And, we should use Uhichiwa. etc... The third problem is （92）

（1302 前）では、基礎的な文法が理解できていないことが表れている。（1302 後）でもその改善は見られない。英語で表現しようとする意欲は表れている。

（1303 前）

I think that the world is danger. Because the global warming is spreading in the world. The oxgen is not beautiful now. Trees are died of the global warming. We should do that we can as soon as possible. （39）

（1303 後）

Now there are many probrem in the world. For example, we have problem about air pollution. I think that we should clean air as soon as possible. Because this problem is dangerous. It is possibility that our liver are broken. So we should know it and think it. （48）

1303 に関しては、（1303 前）の段階で、国際社会の問題に対する認識は既に持っていることが表れている。ディベート授業による変化として（1303 後）で理由を述べようとしていることがわかるが、英語表記の変化

自体は大きくない。

（1304 前）

There are many issues what should be solved. Some are easy to solve, and otheres are not easy. A big problem is recent on Japanese government is his weekness. Some old people couldn't get forgiven money from government. And government budget is also uncleary.

In the wolrd see the around the biggest problem is Chinese air poluting. I've been there last month, there's a severe air poluing. We nees masks everyday, can't see the mountain in the far. I think there's no way to solve Chinese air polutiiion. OK. （92）

（1304 後）

Nowadays we always have a lot of considerable problem, especcially through the seminar I was thought that the nukes powerprant problem. We considered its problem on every debate why the problem was chosen fo our every statements. In order not to ignore domestic issues, however had to have wide-angle-eyes. Keeping beeing interesting in Japan and Japan's prblem, and being interesting in what occured all over the world. Economy, political and even environment, no many issues we have to consider are serious. What the issues are the best to solove first and what is the issue that I can solove? Be serious （101）

（1304 前・後）の学生はディベート実践においても自信を持ってスピーチすることができていた。英語表現の不正確さは目立つが、表現しようとする積極性は持続している。

（1305 前）

Global warming is difficult problem. When we all for down who will be to late. But we can recognize this problem. We must solution this problem.

9. シティズンシップ涵養の視点

(26)
(1305 後)

Defration is bad situation. So ministar is maked abenomics for Japan future. Nuclear is difficult probrem too. Nuclear is very danger. However it is convinience. China's atmosphere is very darty. China's atmosphere comes to Japan. PM2.5 is in that. Child and old people is bleased that is very danger. We could myself (52)

(1305 前・後) ともに、スペルミス、文法上の明らかな誤りも目立つ。そうした課題も大きいが、発信する情報が増えたことは明白である。

(1306 前)

I want to study nuclear wehon of 北朝鮮 more. Because we were talking about nuclear today, that discation time is very exciting for me and I understand that I don't know this problem. (32)

(1306 後)

　Abe leader is meeting to Obama about Nouth Korea has nuclear and doing it's tes. This problem should diveate to Nouth Korea. Japan is likely attaced by nuclear of Nouth Korea. But many Japanese have not interest this problem. Japan's media should be wached for Japanese about this problem. Because they can it, if it is conect that many Japanese are waching TV and News and intersting the news. (69)

(1306 前・後) においても、文章量が飛躍的に増大している。
　これらの英文は、半期の授業の4か月弱の変化を表している。総体として語数は明らかに増えている。また社会問題に対する知識を得ることにも成功している。ただし、この変化がこの授業のみによる成果であると主張することはできない。この間、他の授業も受けている。英語学習についても、この英語ディベートに限らず、他の英語の授業も要因となって知識を

増やした可能性を排除できない。より厳密に英語ディベートの効果を検証しようとするなら、このクラスとは別に、英語ディベートを行わなかった対照群との比較は欠かせない。しかし、実際の授業で、いきなり英語であなたの知る社会問題について論述しなさいと指示を受けても、その講義科目との連関性を持たないと実施は難しい。そうした限界と調査の不十分性を認識しつつも、どの受講生もわずか4か月で大幅に社会問題に対する認識を深めたことは確かである。

　もっとも、文法力、正しくスペリングする力の伸長に関してはあまり成果が出ていない。ディベートでは、間違いを気にせず、とにかくスピーチすることを促した。その結果として、スピーチ時間も伸長した。しかしながら、相手に自分の言わんとしていることを明確に伝える、という点では、正確さに欠く文法的知識などのために限界が露呈している。スピーキング力の増強と共に、文法力をいかに鍛えて行くかは、本書の主題からは離れるが、課題として残っている。

9.4　社会問題に関する英語語彙数の変化

　英語ディベート授業によって、社会的な問題に対する関心が高まったかどうか、また英語語彙力が増えたかどうかを確認するために、2015年の前期に開講された英語ディベート授業の中で簡単なワークを実施した。第1回目は初回の授業となった2015年4月8日、第2回目は最終の授業となった2015年7月22日に実施した。課題は、「思いつく国際的な問題、社会問題（国内を含む）の英単語を5分間でできるだけ書きなさい」であった。それぞれの結果を下にまとめた。このワークに取り組んだ受講生は12名だったが、就職活動をしていた4年生は出席回数が半分に届かなかった。そのため、授業ディベートによる関心の高まりを示す例とはなりえないことから、ここでは分析から除外している。

　日本語の語句を単純にローマ字で書いているもの、どう類推しても意味をなさないものは除外した。その他はスペルミスが顕著な場合、言い回しが不適切な場合も、意味が類推できる単語や語句は1語としてカウントし

9．シティズンシップ涵養の視点

た。英単語、語句の末尾のカッコの数字は語数である。イタリックは明白な誤りであるが類推可能で訂正を施した語を（ ）の中に示し、これもカウントしている。

（1501）
4/8　Global Warming, Acid Rain, Independ Problem, Catching whales　（4）
7/22 Global Warming, MERS, IS, nuclear *powerplant*（power plant）, AIIB　（5）

（1502）
4/8　Senkaku Islands problem, China made the group of economy　（2）
7/22 decreasing population, nuclear problem, AIIB, *perssonal*（personal） *data of pension*, IMF rent a lot of money to　（5）

（1503）
4/8 IS, WWⅠ,WWⅡ　（3）
7/22 IS, TPP, poor problem, *environment, earthquic*（earthquake）*, national seftey*（safety）, GDP　（7）

（1504）
4/8　deposit, hunger, *Grobal*（Global）*warming, terrolism*（terrorism）*, human rights, Conflit*（conflict）　（6）
7/22 honor killing, child marriage, hate *speach*（speech）, human rights, conflict, war, American's basement in Okinawa, *jenoside*（genocide）, Terrorism-like Islamic States, security in Japan- law, child army, problem of border between national　（12）

（1505）
4/8 ISIL genocide, air polution（pollution）, poverty　（3）

7/22 nuke power plant, Islam, recession, Default, rainbow, immigrants （6）

(1506)
4/8 conflict *daiyamondo* (*diamond*), air *conflit* (*conflict*), AIIB, student fight, poor problem （5）
7/22 *gavance* (*governance*), *enviorment* (*environment*) program, desert program, history program, success program, PM 2.5, *Nyaruninyo* (*El Nino*), AIIB, *securty* (*security*), Human *securty* (*security*) （10）

(1507)
4/8 poor, trash, global warming, war, environment （5）
7/22 Safety laws, global warming, nuclear *wepons* (*weapons*), *decleace* (*decrease*) person, *decleace* (*decrease*) children, computer game, war, poor （8）

(1508)
4/8 America, Japan, 13th amendment, black, white, slave, Islam, attack, terrorism, *halam* (*harem*) （10）
7/22 ISIL, Over 18-year-old vote, AIIB, Israel, Iran, Greece, FIFA, landmines, human security （9）

(1509)
4/8 *grobal worming* (*global warming*), war, *pooring* (*poor*), atomic *bom* (*bomb*), economic, *hungger* (*hunger*), *Whether* (*weather*) change, *tranceport* (*transport*), trade, U.N (UN or U.N.), WHO （11）
7/22 AIIB, *Grobal* (*Global*) warming, *MARZ* (*MERS*), Poor, *Imiglant* (*immigrant*), Nuclear Power, *Polution* (*pollution*), PKO, WMD, terror, IS, *Teritory* (*territory*), Ban *Mineds* (*mines*) （13）

9．シティズンシップ涵養の視点

(1510)

4/8 ISIL, China's *bort*（*boat*）（2）

7/22 *self-defence*（*self-defense*）, TPP, *UNISEF*（*UNICEF*）, *ROMA's*（*Roman*）*ploblem*（*problem*）of EU, *souce coria's*（*South Korean*）economy, ISIL, Indonesia's *earcequace*（*earthquick*）problem, *DENGU fiver*（*dengue fever*）, *iPon*（*iPhone*）6, *OKINAWA of America's miritary*（*US military in Okinawa*）（10）

(1511)

4/8 hanger, war, UN, *jenoside*（*genocide*）, environment, *earhqueiq*（*earthquake*）, *exnic crenging*（*ethnic cleansing*）, nuclear *wepon*（*weapon*）, ISIL, *evora uirusu*（*Ebola virus*）（10）

7/22 honor kill, hate *speach*（*speech*）, child *Marrige*（*marriage*）, war, *confrict*（*conflict*）, hanger, environment, American base *probrem*（*problem*）, Japan *seculty*（*security*）, TPP, nuclear *wepon*（*weapon*）, *demonstlation*（*demonstration*）, democracy, *Krea*（*Korea*）and China, ISIS, *jenda*（*gender*）（16）

これら受講生の初回と最終回の語数の変化を示したのが下の図である。

第Ⅱ部　アクション・リサーチとしての英語ディベート実践

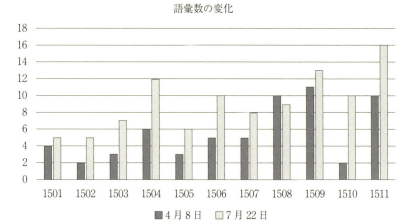

図9.2　英語ディベート受講生の語彙数の変化

　語数が減った受講生が2人いた。1人は（1512）で、4年生で就職活動と重なっていて、この授業の出席回数が極端に少なかった。そのためこのデータにおいてはずれ値的位置づけとして除外した。（1508）は本ディベート授業の受講生の中でただ1人だけ、「この授業の履修によって勉強する時間が増えた」に対する回答が「あまりそう思わない」であった。他の受講生は「そう思う」あるいは「ややそう思う」であり、意欲的に予習復習に取り組んだ形跡をうかがい知ることができる。他方（1508）はその姿勢に欠いていた。そうした授業への取り組み方ゆえに、社会的な問題意識の涵養に至らなかったと解釈できる。

　国際問題、社会問題の語句を列挙することが課題だったが、厳密に見ると単に国名が挙げられているなど、不十分な回答が目立つ。それでも上の2人を除いて他は語数を伸ばしていることから、英語ディベート授業によって国際問題、社会問題に対する関心は高まったと言える。最終回の方には、AIIBという固有名詞が多数登場する。これは明らかにディベートの影響である。

　さて、ここでは要約的に、12名の受講者の語数の変化を、箱ひげ図を

9．シティズンシップ涵養の視点

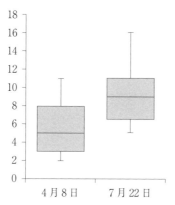

図9.3　語彙数の変化の箱ひげ図

表9.1　基本統計量

基本統計量		
変　数	4月8日	7月22日
n	11	11
平　均	5.55	9.18
不偏分散	11.07	12.16
標準偏差	3.33	3.49
最小値	2.00	5.00
第1四分位数	3.00	6.50
中央値	5.00	9.00
第3四分位数	8.00	11.00
最大値	11.00	16.00

用いて示しておきたい。

　平均、最小値、最大値のすべてにおいて語数の伸びを視覚的に確認することができる。上術したアンケート調査の回答を思い起こすと、ディベート授業受講者は講義受講者と比して、「これまで以上にニュースに関心を持つようになった」とする認識に関しては、明確な差とは言えないまで

も、その傾向があることが示されていた。英語ディベート受講者の語句の修得状況から見れば、受講開始時に比べて時事的な問題に関する知識は、少なくとも語句に関しては増えている。

9.5 ディベート論題

2015年の授業ディベートで取り上げた論題は以下のものであった。ディベートで取り上げて論題を記憶にとどめていてそれを語句として記述した例も散見される。市民性涵養の第一歩は社会的問題に対して関心を持つことに他ならない。ディベートは、社会的問題に対する意識の涵養に有益な活動であることがわかる。

◯ 4/15/2015

Motion: This House believes that the United States should deploy its army to ISIL.

(米軍はISILに地上軍を派遣すべきである。)

◯ 4/22

Motion: This House believes that the national team manager should be a Japanese.

(日本代表監督は日本人がやるべきである。)

◯ 4/29

Motion: This House would apologize more.

(さらに謝罪する。)

◯ 5/13

Motion: This House believes that ASEAN is more important than China.

(中国よりもASEANの方が大事である。)

◯ 5/20

Motion: This House believes that citizens of 18 years old cannot judge rationally political issues.

(18歳で合理的な政治的判断はできない。)

9．シティズンシップ涵養の視点

○ 5/27
Motion: This House believes that Mazda should venture into F1 Grand Prix.
（マツダも F1 に挑戦すべきである。）

○ 6/3
Motion: This House would allow a woman to ascend the throne.
（女性の皇位継承を認める。）

○ 6/10
Motion: This House believes that the final agreement on curbing Iran's nuclear program does more harm than good.
（イランの核計画を制限する最終合意は有害無益である。）

○ 6/17
Motion: This House believes that the relocation to Henoko is the only solution.
（辺野古への移設が唯一の解決策である。）

○ 6/24
Motion: This House believes that Japan should join the AIIB.
（日本も AIIB に加わるべきである。）

○ 7/1
Motion: This House would abolish nuclear power plants.
（原発を廃止する。）

○ 7/8
Motion: This House would highly appreciate development dictatorship.
（開発独裁を高く評価する。）

○ 7/15
Motion: This House believes that International politics division should educate its students to be politicians.
（国際政治学科は政治家を育成すべきである。）

○ 7/22
Motion: This House believes that to drive cars by ourselves is more

enjoyable that to relay on autonomous cars.
（自分で運転する方が自動運転車より楽しい。）

　それぞれの論題については若干の補足が必要であるかもしれない。1週間前に論題を発表するが、その際に資料的な素材として新聞の社説程度の小論を同時に配布している。それに関連したディベートを行うことを前提としているため、論題そのものには細かな設定をしていない。パーラメンタリー・ディベートにおいて論題を定義するのは政府側の役割であり、この授業ディベートにおいても、政府側が定義する余地を残している。

　4月15日はアメリカがISILに対する空爆実施の後、空爆に止まらず地上軍の展開も必要かどうかに関係する資料、4月22日はサッカー日本代表の監督問題、4月29日はドイツのワイツゼッカー大統領の死去、5月13日は、日中関係が緊張する中で成長著しいASEANの現状理解、5月20日は18歳選挙権、5月27日は自動車メーカーホンダのF1復帰、6月3日はイギリスのウィリアム王子の訪日、6月10日はイラン核協議、6月17日は普天間米軍基地の辺野古移設、6月24日は中国主導のAIIB（アジアインフラ投資銀行）、7月1日は原発問題、7月8日はシンガポール建国の父、リー・クアン・ユーの死去、7月15日は統一地方選で無投票当選者が過去最高となったとの報道、7月22日は自動運転車の実用化にそれぞれ関連した資料を配布していた。

9.6　ディベートにおける自説と異なる主張

　2015年のディベート授業では、毎回の授業の最後に、論題に対する自分の見解を紙に書きだすワークを課した。1週間前に論題が出され、受講生はそれぞれリサーチを実施する。授業では賛否どちらの側に立つかわからないので、どちらの側からも主張できるだけの材料を用意しておく必要がある。元々の自分の主張、あるいはリサーチによって意を強くした自分の考えと同じ立場からディベートのラウンドに参加できるとは限らない。これはディベートの原則である。この年のディベート授業では、そうした

9．シティズンシップ涵養の視点

ディベート特有の「ねじれ」とも言える状況を、ラウンド後に自分の考えを自由に記すワークにどう表出されるのか、考察する機会ともなっている。

実際にディベートを実践する授業において学生から時々発せられる言葉は、自分の本来の意見と逆の立場で議論しなければならないのは嫌だ、とするコメントである。日頃から時事的な争点に関心を持ち、掘り下げて自分の意見を形成している、言ってみれば優秀な学生であればそれだけ、そうした見解を持つ蓋然性は高い。授業におけるディベートの論題に対する賛否は一つのロールプレイである。自らの主義主張と関わりなく、賛否どちらかの役割を割り当てられている。頑強に自分の主張を譲りたくないと考える人、あるいは一通り思案の結果、自説はこれだと固めた人にとっては、そうしたディベートの在り様は抵抗感が強く現出する活動になる。

学生の授業の中での上のような違和感の対処法として、一通りラウンドが終わった後で、あらためて論題に対する自らの主張を書くのである。ラウンドでは賛成の側に立った学生も、実は自分の主張は反対の立場である時、そのワークで理由を付して自分の考えを存分に書く。それもラウンドを終えた後であるから、反対論への対応を踏まえたより強固な主張にしていくことができる。これにより学生の違和感を解消することが可能となる。

こうした振り返りの重要性は、東北福祉大学の「学びの支援」のホームページにおいても指摘されている（東北福祉大学 2017）。TFU リエゾンゼミ・ナビは学びの基本、学習スキル、情報リテラシー、コミュニケーション・スキルなどを紹介している。学習スキルの「13．ディベートをしてみよう」の項目ではこの〔振り返り―体験の見直し―〕に言及している。「自分の本音の立場にこだわって居心地に悪い思いをしたり、論題や肯定・否定の立場に不十分さを感じる学習者もいます。こうした学習者の不満や居心地の悪さなどは以下のような振り返りで解消する必要があります」として、1）感想・反省、2）本音の交流、3）第三の考え、などにより様々な工夫による「ふり返り」の必要性を指摘している。

第Ⅱ部　アクション・リサーチとしての英語ディベート実践

　本来のディベートにおけるこうした振り返りは、授業の後で、個々の履修者が行うべきことである。しかし実際には他の授業もあり、そこまで論題に専念して学習を継続することは難しい。それゆえ、授業の中にこうしたことを組み入れることで、違和感をも解消し、より説得的な意見の構成としていくこともできる。
　このワークにおける学生の記述を紹介する。出席したすべての学生が提出しているが、整理して一部の紹介にとどめておく。誤記については、明らかな書き間違いは修正しつつも、できるだけ学生の記述をそのままに複写している。

＜１＞ディベーターとして参加したが、本来の自分の意見と異なっていた例
○2015年5月27日（1506）野党[28]（ねじれ）
　私はマツダがＦ１に挑戦すべきだと考える。理由は２つある。まず、１つ目は業績が上がってきているからです。最近ではベトナムなどにも工場を設けている。２つ目は、マツダのエンジンには実力がある点です。実際に1991年のル・マンレースで優勝し2013年のグランドマン・シリーズでも優勝している。実力があるからもってＦ１に参加すべきだと考える。広島のマツダではなくて世界のマツダになれると考えている。
　以上から、マツダがＦ１に挑戦するのに参加すべきだと考える。
○2015年6月3日（1511）野党（ねじれ）
　私は女性の皇位継承を認めるべきだ思います。特に日本では、未だに男女平等になっていない場合が多くここで女性の皇位を認めることは、国際社会に日本をアピールする上で意義のある事だと思います。
　又、側室がいることで成り立っていた天皇制（男子のみ継承）もこれから続けていくのは現実的に難しいと思います。その為女性の皇位を認め、天皇の血筋を守っていくべきだと思います。

---

[28] ディベート実践の日、回答者の識別番号、ラウンドでの役割、の順に記載している。以下同様。

9．シティズンシップ涵養の視点

○ 2015 年 6 月 10 日（1503）野党（ねじれ）
　イランの核計画を制限する最終合意は有害無益であるという論題に賛成である。なぜなら最終合意した場合、中東でイランの存在感が増し、近隣諸国との関係を悪化させる。それだけでなく、全世界に影響を与えることが確実となるから、この論題に賛成である。

　これらは、ディベーターとして参加した際に、役割は自分の主張と反対の立場であった場合である。自説と異なっていたがためにフラストレーションをためる可能性もある。しかしワークシートの記述そのものから、フラストレーションを吐露すべく、カタルシス的に記述されている印象は受けない。ラウンドでは反対側に回ったが、自分の主張は逆の立場であることを理由を付して説明することができている。

＜2＞ディベートに参加したことによって、自分の主張に変化が見られた場合
○ 2015 年 4 月 29 日（1512）野党（変化）
　今日は反対派として責任はヒトラーだけと思っていました。
　しかし政府の話をきいてヒトラーに期待をよせて従ったのは国民でヒトラーだけの責任と言えないというのに納得してしまいました。
　ヒトラーが民主主義をかかげていて独裁政治にいったなど知識不足もあったのでもっとこれからこの論題にふれたときは良いディベートがしたいです。
○ 2015 年 5 月 20 日（1505）政府（変化）
　今回は賛成側を今期初やりました。最初は反対だったけど、話しているうちに賛成の意見の方がぼくの中で強く、やはり十分な判断ができる 18 歳は少ないし、大阪都構想の選挙で、よくわからないけど反対しておく、賛成しておくというおじいちゃん、おばんちゃんがいることを知り、こんな日本では 18 歳がいい判断ができるかは少し謎だと思いました。これから遊び半分で投票する人が増えないといいなと感じました。
○ 2015 年 7 月 8 日（1512）野党（変化）

第Ⅱ部　アクション・リサーチとしての英語ディベート実践

　　　今回野党をやって、今まで開発独裁は評価できると思っていたが、反対の方に気持ちが強まった。一番言えることとして、経済発展が幸せにつながるのか。その裏では腐敗やネポティズム、ゲリマンダー、あらゆることを支配されても自国が将来よくなるように今をがまんしないといけないのか。景気対策は開発独裁だけではありません。国民に不満がないことが国として一番目指すことだと思います。

　これらはディベートに参加したことで、元々もっていた主張に変化が生じたことをワークシートに記述している例である。準備段階、実際のラウンドにおける相手側の主張を聞いて、あるいはラウンドをすべて終えた後の感想として、自説の変化を記している。変化に至った経緯をあらためて反芻する機会となっていることがうかがえる。

＜３＞自説と一致した立場でディベートに参加した場合
○ 2015年6月24日（1509）野党（同じ）
　　日本も AIIB に参加すべきであるという意見に反対だ。理由は以下の3つである。① ADB という日本とアメリカ主導の機関があるから、②中国は汚職が多発しているから、③ AIIB の機能の不透明な部分があるから、以上の理由により私は AIIB の参加に反対だ。

＜４＞フロアーでジャッジとして参加した場合
○ 2015年4月22日（1505）フロアー
　　今回の議題にはぼくは反対です。賛成側のコミュニケーションのとり易さより、反対側の"戦略"というワードの方がメリットがあると感じました。指示が日本人の方が出しやすいという意見もありましたが、それよりは違うサッカーの文化を見てきているであろう外国人の監督の意見を取り入れることの方が選手もより成長できるのではないかと思います。あと聞こえるように話そうと思いました。
○ 2015年5月13日（1510）フロアー

9．シティズンシップ涵養の視点

　今日の論題はとても難しく思いました。私は日本がビジネスパートナーとして見た時、中国とASEANとしたら私はASEANであると、今日の授業で改めて考えました。なぜなら政府側の尖閣問題があるという主張にとても強みを感じたからです。

○2015年6月17日（1507）フロアー
　今日の論題の辺野古への移設が唯一の解決策であるということに反対である。なぜなら沖縄は美しい海や自然などがたくさんあり、移設することによってそのような自然が壊されることは断固として反対である。また辺野古以外でも候補はあると思うので、移設は他のところがいいと思います。

　ディベーターとしてではなく、ジャッジとして政府対野党のラウンドを聞いた後のワークシートである。ジャッジとしては、自説と関係なく、政府と野党の主張の説得力が内容とプレゼンテーションの仕方からどちらがより説得的であったかを判定するように指導している。したがって、自説をあらためて振り返ることは、ジャッジの判断とまた異なる思考のプロセスとなる。ワークシートには、ディベーターたちのパフォーマンスから得た教訓も記されている。
　上では、授業ディベートに参加した後に学生たちが記したワークシートを4つのパターンに分類した。ディベートによる変化が率直に述べられている場合もあった。ディベートによくある自分と異なる立場での主張についても、それを問題視するわけではなく、ラウンドでの経験を踏まえてあらためて自分の主張であることを冷静に記している。ディベート批判で語られる、自分の意見と異なる場合の問題点はこうしたワークシートによる振り返りで超克可能である。より深い思考に導きうる活動となる可能性がここでは示唆されている。

10. アカウンタビリティの能力の伸長
——結語と共に

　アカウンタビリティに関しては、表 0.1 に挙げた次のリサーチクエスチョン「4）英語ディベートの授業はアカウンタビリティに必要な能力を高めたか」に基づいて検証する。アカウンタビリティの土台は、自らの主張を理由づけることがある。なぜそう主張するのかを、理由づけ、根拠を示して説明することが大事になる。説明責任と邦訳がつく言葉ではある。既にカタカナのアカウンタビリティで十分に意味内容が伝わる言葉となってはいる。それゆえ本書でもアカウンタビリティを用いてきた。
　さて、この邦訳の説明責任にもある、「説明」という概念をどう捉えたら良いのだろうか。説明である以上、〜だから〜である、との文言と関連が強い。逆に、理由も付けずに、〜〜だ、と述べている場合はどうだろうか。これは説明の体をなしていない。理由づけをすることが説明の主要な要素であり、アカウンタビリティに欠かせない。
　そうしたことから、2015 年度のディベートと講義クラスで行ったアンケート調査では、問いとして「これまで以上に理由をつけて自分の意見を言えるようになった」についての自己評価を尋ねた。再度、この部分だけ取り出しておく。
　一目瞭然に、ディベートクラスにおいては、全員が肯定的に回答したことがわかる。しかも「そう思う」が最多で、「ややそう思う」を上回る。講義科目ではこれが逆で、「そう思う」は「ややそう思う」よりも少ない。
　統計的な検定によってもその差は有意であった。このことから、理由をつけた主張の展開を体得するために、通常の講義型の授業と比して有効であることがわかる。能力としてのアカウンタビリティのために、授業ディ

10. アカウンタビリティの能力の伸長

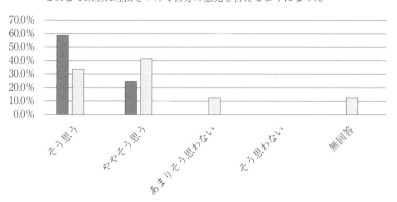

図 10.1　理由をつけて説明できるようになったかどうかの比較（図 8.12 再録）

ベートの実践が求められる。

　本書は英語による授業ディベートの実践が、グローバル人材の育成のために理念的にも実践的にも重要性が高いことを論じて来た。グローバル人材の育成を求める教育的要請は国が主導している。その最高の権限を有する国会で、グローバル人材教育と切っても切り離せない、英語教育が実際にどう論じられてきたのかを可視化しようと試みたのが 1 章であった。関連性があるであろうとする予測に違わず、国会の審議において、「英語教育」、「大学」、「グローバル人材」が強い関係性を持つことを視覚的に示している。それと比較するために分析した新聞社説では、「大学」と「英語教育」は必ずしも「グローバル人材」と結び付いていない。グローバル人材に対する社会的要請、またその社会的認知は国家の政策的な議論において力点が異なることを明らかにした。

　続く第 2 章では、文科省が主導したスーパーグローバル大学創成支援の事業に申請し、選出された大学学長の 2016 年 4 月の学長式辞を分析した。スーパーグローバル大学の中でも、トップ型と牽引型の大学の間に特

徴的な差異がある。「学問」と「英語」という語句に注目すると、トップ型の分析結果に「学問」はあるが「英語」は出現しない。逆に牽引型には「学問」はないが「英語」がある。さらに国会審議において「スーパーグローバル大学」を含む発言を段落単位で抽出し、それにも分析を加えた。国会審議の頻出語句で特徴的なのは、そこに「支援」や「事業」が出現することであった。また国会審議では、世界大学ランキングへの高い意識が顕在化しているが、学長式辞においては必ずしもそれが顕著ではなかった。国会審議においてよりも学長式辞において、学生を適切にグローバル人材に導こうとする意欲が示されていることが明らかになった。

　第3章は、グローバル人材育成のために英語ディベートが有用であることを論理的帰結として導き出そうとする試みであった。鍵となる概念としてアカウンタビリティ、クリティカル・シンキングを据えた。さらにグローバル人材であるためには英語運用能力を欠かせない力として捉えた。

　グローバル人材をどう定義するかはこの第3章で中心的に議論した。グローバル人材には、日本人としてのアイデンティティを持ちながら、教養と専門性を備え、語学力を含めたコミュニケーション能力と、チャレンジ精神を持つ人間、という説明が付される。あるいは定義に拘泥するよりも、政府の新成長戦略実現会議の下にある「グローバル人材育成推進会議」が示すグローバル人材の3要素（表3.1）による理解が一般的である。これらはより大胆にまとめれば、英語力を有するアカウンタビリティとクリティカル・シンキングに優れた人材に至ることを主張した。

　ディベートに関しては、アカデミック・ディベートとパーラメンタリー・ディベートの違いを述べた後、大学の授業で行っていくには、1週間前に論題を示す言わば授業ディベートの形式が妥当であるとの結論に至っている。ディベート批判もあるが、それらの多くはディベートを正しく理解していないことから生じていることを明らかにした。自説に沿う見解のみに触れ、異説を排除するような情報収集が可能となっているインターネット時代においてはなおさら、ディベートのように社会的争点を賛否両方の立場から考える機会の重要性にも言及した。

10. アカウンタビリティの能力の伸長

　第4章では、プラグマティズムの可謬主義に依拠して、ディベートの有用性をさらに敷衍して議論している。大学教育の使命の一つは言うまでもなく真理探究である。その真理は絶対的な存在なのだろうか。プラグマティズムの思想ではそうではない。その時考えて正しいと思ったことも、あらためて考えて違う結論に至ることがあっても構わない。つまり可謬主義である。日頃大学生と接していて、自らの見解を示そうとしないことが多い。強いて答えを求めても、「わからない」との答えで終わってしまう。しかしそうした姿勢は考えることを早々に諦めて平然としていることである。考えることを放棄するとき、それは国民主権の民主主義の危機ともなる。「わからない」という姿勢を打ち破るために、また難しいからこそ考え続け、忌憚なく意見をぶつけ合う環境を作る方法として授業ディベートの実践が有用であることを論じた。

　第5章は国際政治学のESPとしての英語による授業ディベートの意義を説明している。この専門領域においては、たとえば環境問題、不均衡な貿易が惹起する摩擦、領土問題、過度な排他的姿勢など、日本を巻き込むグローバルな諸問題について世界の人々と話し合える力を身につける必要がある。そのための言語は言うまでもなく国際共通語の英語である。国際的争点を議論し、世界と対話できる英語力の確立を視野に入れることが、国際政治学のESPに望まれる。英語を使ったディベートは国際政治学の理解の増進、良き市民の育成、英語力の伸長、それらすべてと関係する。またそれらを相互に関係づけ、共振、共鳴することによって、学習における相乗効果を目指す教育の実践であることを主張した。

　第6章は日本人の英語力が国際比較において相当に低いことを示した。4技能すべてで低いが、TOEFLを分析するとリーディングの得点よりもスピーキングのそれが低いという特徴があることを指摘した。そうした英語力はビジネスにおける国際競争力にも影響を及ぼしている。

　英語力の増強には言うまでもなく努力が欠かせない。日本の大学生の学習時間は短く、大学教育の質も問題視されている。大学がグローバル人材を育成すべきであるとの企業の要請も受けて、ディベートの実践による大

第Ⅱ部　アクション・リサーチとしての英語ディベート実践

学教育の充実の可能性について言及した。

　第7章では、「使える英語」から「使う英語」に発想を変える必要性を論じた。新聞社説や国会審議においても「使える英語」を求める声は大きい。しかし英語を母語とせず、日常の社会生活において英語を使わない日本人は、英語を使えているという実感を持ちづらい。「使える英語」の基準は主観的に設定できないが、英語を「使う」ことはその意欲があれば確かな事実として残る。そのようなパラダイムシフト的な発想の転換が必要であり、「使う英語」の実践の場として授業における英語ディベートが最適であることを主張した。

　第8章からは第Ⅱ部で、アンケート調査等による結果を分析した。英語の授業ディベートの実践とそこから得られる知見をまとめるアクション・リサーチとして位置付けられる。リサーチクエスチョンは序言で示した。＜学習習慣＞に関連して、1）英語ディベートの授業は学習習慣を向上させたか。＜学習姿勢＞に関連して、2）英語ディベートの授業は学習に取り組む積極的姿勢を高めたか。＜シティズンシップ＞を検証するために、3）英語ディベートの授業は、シティズンシップの素養を高めたか。＜アカウンタビリティ＞について、4）英語ディベートの授業は、アカウンタビリティに必要な能力を高めたか。そして、＜英語運用能力＞を見るために、5）英語ディベートの授業は、英語運用能力に対する自己評価を高めたか、の1）〜5）である。

　これらのリサーチクエスチョンについて、具体的には以下の細分化された仮説に基づいて、授業ディベートの参加者と、講義科目の受講生との差を比較することで、授業ディベートの効果を検証した（表8.25参照）。

　①[29] ディベート授業受講者の前後の学習時間は講義科目受講者のそれとの間に差がある。

---

[29] 8章では片丸カッコ、1）としているが、ここではこのすぐ上で1）を用いているため、それと区別するため、①とした。この箇所、以下も同じである。

②ディベート授業受講者は「問題を考える力、解決する力がついた」とする認識が講義科目受講者のそれとの間に差がある。
③ディベート授業受講者は「他の学生たちと学びあう力がついた」とする認識が講義科目受講者のそれとの間に差がある。
④ディベート授業受講者は「図書館やインターネットなどを利用した情報収集力がついた」とする認識が講義科目受講者のそれとの間に差がある。
⑤ディベート授業受講者は「国際的な事柄への関心が高まった」とする認識が講義科目受講者のそれとの間に差がある。
⑥ディベート授業受講者は「これまで以上にニュースに関心を持つようになった」とする認識が講義科目受講者のそれとの間に差がある。
⑦ディベート授業受講者は「選挙の時には投票に行く」とする認識が講義科目受講者のそれとの間に差がある。
⑧ディベート授業受講者は「これまで以上に政治的争点に関心を持つようになった」とする認識が講義科目受講者のそれとの間に差がある。
⑨ディベート授業受講者は「これまで以上に理由をつけて自分の意見を言えるようになった」とする認識が講義科目受講者のそれとの間に差がある。
⑩英語ディベート授業受講者は受講の前後で英語運用能力に対する自己評価に差がある。

その結果、③、⑦、⑨、⑩において、統計的に有意な差があった。①と⑥は $p>0.05$ で仮説を棄却できなかったものの、$p<0.1$ であったことから、差が見られる傾向を確認することができた。これらを再びリサーチクエスチョンに還元して結果を見ておきたい。
　①のリサーチクエスチョン「１）英語ディベートの授業は学習習慣を向上させたか」は、特に学習時間に焦点を当てた仮説であった。授業ディベートへの参加によって、学習時間が増大する傾向を掌握することができた。

第Ⅱ部　アクション・リサーチとしての英語ディベート実践

③はリサーチクエスチョン「2）英語ディベートの授業は学習に取り組む積極的姿勢を高めたか」に関連して、他の学生と協力する姿勢についての認識を見たが、授業ディベートがこれを高めることが確認できた。

⑥と⑦はリサーチクエスチョンの3）＜シティズンシップ＞の素養を高めたかどうかに関連させた仮説であった。上記アクション・リサーチから、授業ディベートは講義科目と比して、シティズンシップを高めることに一定の効果があることがわかった。

⑨はリサーチクエスチョンの4）＜アカウンタビリティ＞に関連する質問であった。ディベートが理由をつけて意見を言う力を高めたと言える。

最後に⑩はリサーチクエスチョンの5）「英語ディベートの授業は、英語運用能力に対する自己評価を高めたか」を検証するための仮説であった。自己評価として、授業ディベートに参加した学生は、高めたと考えていることが確認できた。総合的に判断すると、英語による授業ディベートは、アカウンタビリティ、シティズンシップ、英語力の向上に資することがわかった。

9章は8章にもあったシティズンシップに関する分析を、有意な結果とならなかった仮説も交えて、結果を再考察している。⑤〜⑧がシティズンシップに関連する。講義科目は「国際理解」という科目であり、⑤の「国際的な事柄への関心が高まった」に対する回答では、講義科目も英語ディベートも共に‘そう思う’‘ややそう思う’と答える学生が多く、差が見られなかった。⑧も同様に有意な差ではなかったが、これらは講義科目である「国際理解」も共に高得点であったことに起因することを説明した。

またこの章の3節では、2013年に開講したディベートクラスの参加学生の、第1回の授業と第15回の授業において、社会問題を英語で論述する力の差を検証した。文法の誤り、スペリングミスについては一切を無視した。ここでは社会問題に対する認識が高まったこと、英語ディベートにおけるスピーチ時間が伸びたことを強調した。同趣旨で4節では2015年のディベートの授業の参加者に、社会問題に対する英語の語彙数の変化を初回と最終回で比較した。やはり語彙数に大幅な伸びが見られることを明

らかにした。

　グローバル人材は、アカウンタビリティ、シティズンシップ、英語力を備えていることが求められる。地球的な課題が数多く現出する中で、大きな枠組みから見れば、そうした地球的な課題についてグローバルな視座を持つのみならず、積極的に取り組む資質と力量がなければグローバルな貢献はできない。大学教育の場でそれをどのように鍛錬するか。その最適な方法の一つとして、英語ディベートが有用であることを論じた。

　今後の課題として、アクション・リサーチとして実践した上記の授業において、1学年80名を定員とする国際政治学科において、ディベートクラスの履修者数が10数名に過ぎないという問題をどう克服していくかがある。通常の科目よりも準備のための学習時間が長くなる。負担が重いというイメージが学科の中で広がって、相当のやる気を持つ学生しか履修しなくなっている面があろうことを払拭できない。効果があるのだから、履修しないのは損だ、との認識が学生の間に定着するような方法を探る必要もある。

参考文献一覧

アンダーソン , クリス［関美和訳］（2016）『TED TALKS：スーパープレゼンを学ぶ TED 公式ガイド』日経 BP 社.
青沼智（2006）「ディベート教育・公共の構造転換・『勝ち組』の論理、あるいは福沢（グランド）チルドレンの逆襲」『スピーチ・コミュニケーション教育』19,pp.9-22.
浅田次郎（2015）『日本の「運命」について語ろう』幻冬舎.
中央教育審議会（2012）「新たな未来を築くための大学教育の質的転換に向けて～生涯学び続け、主体的に考える力を育成する大学へ～」（答申）（平成 24 年 8 月 28 日）http://www.mext.go.jp/component/b_menu/shingi/toushin/_icsFiles/afieldfil e/2012/10/04/1325048_1.pdf（2015 年 6 月 18 日閲覧）.
榎本博明（2014）『ディベートが苦手、だから日本人はすごい』朝日新書.
英語教育（2013）「英語教育　まず先生から始めよう」『朝日新聞』社説 4 月 12 日
英語力「アジアトップ級」へ（2014）「英語力『アジアトップ級』へ改善策　文科省の有識者会議が提言」『朝日新聞』10 月 8 日.
英語全国テスト（2015）「英語全国テスト　教師の指導力底上げも必要だ」『読売新聞』社説 6 月 12 日.
フェルドマン , ロバート［フォーリン・アフェアーズ・ジャパン訳］（2013）「R・フェルドマンが語る安倍政権の経済思想と構造改革」『フォーリン・アフェアーズ・リポート』2013, 12.
フリードマン , トーマス［東江一紀・服部清美訳］（2000）『レクサスとオリーブの木――グローバリゼーションの正体――』草思社.
福田周・卯月研次編著（2009）『心理・教育統計法特論』放送大学教育振興会.
外国語能力の向上に関する検討会（2011）「国際共通語としての英語力向上のための 5 つの提言と具体的施策～英語を学ぶ意欲と使う機会の充実を通じた確かなコミュニケーション能力の育成に向けて～」〔文部科学省〕6 月 30 日 http://www.mext.go.jp/componet/b_menu/shingi/toushin/_icsFiles/afieldfil l/2011/07/13/1308401_1.pdf（2014 年 11 月 13 日閲覧）.
グローバル人材育成推進会議（2011）「中間まとめ」〔新成長戦略実現会議〕6 月 22 日、http://www.kantei.go.jp/jp/singi/global/110622chukan_matome.pdf（2014 年 11 月 13 日閲覧）.

グローバル人材って（2013）「グローバル人材ってだれ？」『朝日新聞』6月16日．
橋本鉱市（2007）「戦後高等教育政策におけるイシューとアクター――国会・文教委員会会議録計量テキスト分析――」『東北大学大学院教育学研究科研究年報』56（1）．
浜野清澄（2016）「英語ディベートの指導法を活用した即興的な英語運用能力の育成」『英語教育』65（10), pp.32-33．
樋口耕一（2012）「社会調査における計量テキスト分析の手順と実際――アンケートの自由回答を中心に」、石田基広・金明哲編著『コーパスとテキストマイニング』10章、共立出版．
樋口耕一（2014）『社会調査のための計量テキスト分析――内容分析の継承と発展を目指して』ナカニシヤ出版．
池上彰（2013）「戦後史の歩き方（7）メディアの役割考える」『日本経済新聞』7月1日．
池野範男（2014）「グローバル時代のシティズンシップ教育」『教育学研究』81（2）号, pp. 2-13．
猪口孝編（2004）『国際関係リーディングズ』東洋書林．
猪口孝（2009）「新潟県立大学開学記念式典式辞2009年4月23日」http://unii.ac.jp/outline/column.html （2010年11月7日参照）．
石田秀朗（2012）「フェイスブックが大学生の採用活動にもたらす変化」『紀要：奈良文化女子短期大学』43, pp.11-23．
伊東治己編著（2008）『アウトプット重視の英語授業』教育出版．
岩淵秀樹（2013）『韓国のグローバル人材育成力――超競争社会の真実』講談社現代新書．
観光立国関係閣僚会議（2003）「観光立国行動計画～「住んでよし、訪れてよしの国づくり」戦略行動計画～」
www.kantei.go.jp/jp/singi/kanko2/kettei/030731/keikaku.pdf（2015年3月3日閲覧）
苅谷剛彦（2011）「大学教育機会の拡大によって大卒学歴の価値はどのように変化したのか？――日本型学歴インフレの功罪――」東京大学社会科学研究所パネル調査プロジェクト『ディスカッションペーパーシリーズ』48．
苅谷剛彦（2015）「第6章 教育」船橋洋一編著『検証 日本の「失われた20年」――日本はなぜ停滞から抜け出せなかったのか』東洋経済新報社, pp. 149-166．
川野徳幸（2010）「原爆被爆被害の概要、そして原爆被爆者の思い」、日本平和学会編『「核なき世界」に向けて』35, pp.19-38．

経済同友会（2013）「実用的な英語力を問う大学入試の実現を～初等・中等教育の英語教育改革との接続と国際標準化～」4月、
http://www.doyukai.or.jp/policyproposals/articles/2013/130422a.html（2014年11月13日閲覧）.
経済産業省（2011）「産学協働人財育成円卓会議（参考資料1-3：関連資料・データ集）」
http://www.meti.go.jp/policy/economy/jinzai/san_gaku_kyodo.htm（2014年11月13日閲覧）.
国会会議録（1981）「衆院文教委員会」4月10日.
国会会議録（2010）「衆院文部科学委員会」4月16日.
国会会議録（2013）「衆院決算行政監視委員会」6月21日.
国会会議録（2014）「衆院本会議」1月24日.
国会会議録（2015）「衆院本会議」2月12日.
国会会議録（2016）「衆院本会議」1月22日.
国会会議録（2017）「衆院本会議」1月20日.
小林良裕（2007）『初めての英語パーラメンタリー・ディベート』発行所：東京大学英語ディベート部.
国際バカロレア（2017）「（学びを語る）国際バカロレア　世界どこでも生きられる人材にシバ・クマリさん」『朝日新聞』5月15日.
近藤孝弘（2009）「ドイツにおける若者の政治教育―民主主義社会の教育的基盤―」『学術の動向』10, pp.10-21.
小西卓三（2006）「非形式論理学とディベート」『スピーチコミュニケーション教育』19, pp.23-44.
レビン，リチャード・C［フォーリン・アフェアーズ・ジャパン訳］（2010）「アジアの大学は世界のトップを目指す――問題解決能力と技術革新で経済と社会を支えるには」『フォーリン・アフェアーズ・リポート』5, pp. 6-16.
まるで詐欺（2014）「『まるで詐欺』おこる選定校『スーパーグローバル大学』構想」『朝日新聞』4月26日.
増田正（2012）「地方議会の会議録に関するテキストマイニング分析―高崎議会を事例として―」『地域政策研究』（高崎経済大学地域政策学会）15（1），pp.17-31.
松本茂（2009）「指導者として知っておきたいディベートの基礎知識」『英語ディベート：理論と実践』松本茂・鈴木健・青沼智編、玉川大学出版部，pp.5-24.
松下良平（2010）「民主主義の危機と教育」『武蔵野大学政治経済研究所年報』(2),

pp.181-215.

メータ,ジャル[フォーリン・アフェアーズ・ジャパン訳](2013)「なぜアメリカの教育は失敗したか——諸外国の成功例に学ぶ」『フォーリン・アフェアーズ・レポート』6, pp.75-83.

三上明洋(2010)「多読の導入で生徒の英語力が伸びたかをアクション・リサーチで調べたい」『英語教育』5月号, 59 (2), pp. 14-17.

三上貴教(2014)「グローバルに民主主義を支えうる人材育成のための英語ディベートについて」『広島平和科学』35, pp. 39-59.

三上貴教(2016)「グローバル大学学長式辞のテキストマイニング分析：グローバル人材にふさわしい視座を嚮導できているか」『グローバル人材育成教育研究』3 (2), pp.15-22.

三上貴教(2017)『ランキングに見る日本のソフトパワー』渓水社.

溝呂木佐季(2015)「(透視図)英語教育　まずは教員こそ留学を」『朝日新聞』6月12日.

みずほ情報総研株式会社(2012、3月)「大学におけるグローバル人材育成のための指標調査」報告書 2014年11月13日.
http://www.meti.go.jp/policy/economy/jinzai/global/honbun.pdf（2017年12月1閲覧）.

文部科学省(2003)「『英語が使える日本人』育成のための行動計画」
http://www.mext.go.jp/b_menu/shingi/chukyo/chukyo3/004/siryo/04031601/005.pdf、(2017年9月13日閲覧).

文部科学省(2010)『高等学校学習指導要領解説　外国語編・英語編』開隆堂.

文部科学省(2013)「グローバル化に対応した英語教育改革実施計画」
http://www.mext.go.jp/a_menu/kokusai/gaikokugo/__icsFiles/afieldfile/2014/01/31/1343704_01.pdf（2017年9月13日閲覧）.

文部科学省(2014a)「平成26年度 スーパーグローバル大学事業『スーパーグローバル大学創生 支援』申請・採択状況一覧」
http://www.jsps.go.jp/j-sgu/data/shinsa/h26/h26_ sgu_kekka.pdf.

文部科学省(2014b)「今後の英語教育の改善・充実方策について 報告～グローバル化に対応した英語教育改革の五つの提言～」(英語教育の在り方に関する有識者会議) 9月26日 http://www.mext.go.jp/b_menu/shingi/chousa/shotou/102/houkoku/attach/1352464.htm）(2016年10月12日閲覧).

文部科学省(2016)「0145 スーパーグローバル大学等事業」:
http://www.mext.go.jp/component/a_menu/other/detail/icsFiles/afieldfile/2016/07/15/（2016年7月25日閲覧）.

森住史（2016）「英語教育政策と日本人のアイデンティティ育成のディスコース」『成蹊大学文学部紀要』51.
中嶋嶺雄（1992）『国際関係論』中公新書.
中野美香（2005）「ディベートの功罪—PDに参加する大学生の意識」『スピーチコミュニケーション教育』18, pp. 1-19.
中野美香（2007）「実践協同体における大学生の議論スキル獲得過程」『認知科学』14（3）, pp.398-408.
中澤渉（2014）「（学びを語る）日本の公教育　大学進学、社会的意義訴えて」『朝日新聞』8月27日.
行方昭夫（2014）『英会話不要論』文春新書
日本英語交流連盟（2014）「英語ディベート」
　http://www.esuj.gr.jp/debate/jp/index.htm（2014年11月13日閲覧）.
日本学術会議（2010）『回答　大学教育の分野別質保証の在り方について』
　http://www.scj.go.jp/ja/info/kohyo/pdf/kohyo-21-k100-1.pdf（2014年11月13日閲覧）.
日本放送協会（2015）『実践ビジネス英語』2月号、NHK出版.
日本の競争力（2015）「日本の競争力、27位に低下、首位は3年連続で米」『日本経済新聞』5月28日.
日本創生委員会（2011）「世界に飛躍する人材育成の実践——産学協働による『グローバル材育成』の仕組みづくりに向けた提言——」2011年12月15日、http://www.dsecchi.mext.go.jp/d_12i/pdf/kyoto_d_1210i_syushi10.pdf（2014年11月13日閲覧）.
「21世紀日本の構想」懇談会（2000）『日本のフロンティアは日本の中にある：自立と協治で築く新世紀』講談社
大庭三枝（2000）「国際関係論におけるアイデンティティ」『季刊国際政治——国際政治理論——』124, pp.137-162.
尾関直子（2010）「英語表現」『高等学校新学習指導要領の展開　外国語科英語編』岡部幸枝・松本茂編著、明治図書、pp.94-115.
パットナム，ロバート・D［河田潤一訳］（2001）『哲学する民主主義——伝統と改革の市民的構造』NTT出版.
ピーターセン, マーク（1988）『日本人の英語』岩波新書.
Romesburg, H.C.［西田英郎・佐藤嗣二共訳］（1992）『実例クラスター分析』内田老鶴圃.
ロッシ, ピーター・H、マーク・W・リプセイ、ハワード・E・フリーマン［大島巌、平岡公一、森俊夫、元永拓郎訳］（2005）『プログラム評価の理論と

方法──システマティックな対人ケービス・政策評価の実践ガイド』日本評論社.

産学人材育成パートナーシップグローバル人材育成委員会（2010）「報告書～産学官グローバル人材の育成を～」2010年4月、
http://www.meti.go.jp/policy/economy/jinzai/san_gaku_ps/2010globalhoukookusho.pdf（2014年11月13日閲覧）.

産学連携によるグローバル人材育成推進会議（2011）「産学官によるグローバル人材の育成のための戦略」〔文部科学省〕2011年4月28日、
http://www.mext.go.jp/componet/a_menu/education/detail/_icsFiles/afieldfil/2011/06/01/1301460_1.pdf（2014年11月13日閲覧）.

斎藤兆史（2009）「語学哲学に基づく英語教育政策を」、山田雄一郎・大津由紀雄・斎藤兆史『「英語が使える日本人」は育つのか？』岩波ブックレット.

斉藤淳（2014）『世界の非ネイティブエリートがやっている英語勉強法』（中経出版）.

笹本晃子（2010）「経営学部における ESP 教育への一考察」『追手門経営論集』16（1）, pp.23-33.

施光恒（2015）『英語化は愚民化──日本の国力が地に落ちる』集英社新書.

成美堂出版編集部（2016）『今がわかる時代がわかる世界地図2016年版』成美堂出版.

嶋内佐絵（2014）「グローバル人材育成と大学の国際化に関する一考察」『横浜市立大学論叢人文科学系列』66（1）, pp.109-126.

下村博文（2014）『9歳で突然父を亡くし新聞配達少年から文科大臣に──教育を変える挑戦』海竜社.

白畑知彦（2010）「英語教育における研究調査の基礎・基本—なぜ『リサーチ』は必要か」『英語教育』5月, 59（2）, pp.10-13.

白石隆（2016）『海洋アジア VS. 大陸アジア—日本の国家戦力を考える』ミネルヴァ書房.

総務省（2017）「グローバル人材育成の推進に関する政策評価＜評価結果に基づく勧告＞」7月14日、
http://www.soumu.go.jp/main_content/000496468.pdf（2017年11月29日閲覧）.

小学校の英語（2013）「小学校の英語：楽しく学べる環境を整えたい」『読売新聞』社説5月29日.

鈴木賢志（2012）『日本人の価値観──世界ランキング調査から読み解く』中央公論新社.

鈴木孝夫（2014）「序章　いま日本が必要とする対外言語戦略とはなにか」、西山教行・平畑奈美編著『「グローバル人材」再考』くろしお出版.
高橋百合子編（2015）『アカウンタビリティ改革の政治学』有斐閣.
高井章博（1997）「危険なディベーターたち」『世界』3月.
高梨芳郎（2009）『＜データで読む＞英語教育の常識』研究社.
竹前文夫（2006）「日本におけるクリティカル・シンキング教育」『クリティカル・シンキングと教育：日本の教育を再構築する』鈴木健・大井恭子・竹前文夫編、世界思想社、pp.22-50.
田中慎也（2007）『国家戦略としての「大学英語」教育』三修社.
丁偉偉（2016）「尖閣（釣魚）諸島問題に関する日本の新聞報道について—1972年〜2012年の朝日と読売の関連社説の分析を例に—」『評論・社会科学』116, pp.41-71.
寺島拓幸・廣瀬毅士（2015）『SPSSによるデータ分析』東京図書.
東北大学（2016）「平成28年度東北大学入学式祝辞」
　　http://www.tohoku.ac.jp/japanese/profile/president/01/president0102/20160406.html　（2016年5月24日閲覧）
東北福祉大学（2017）「学びの支援」
　　https://www.tfu.ac.jp/students/arpn890000001rdp-att/navi03-13.pdf（2017年9月17日閲覧）
鳥飼玖美子（2016）「グローバル人材からグローバル市民へ」、斎藤兆史・鳥飼玖美子・大津由紀雄・江利川春雄・野村昌司著『「グローバル人材育成」の英語教育を問う』ひつじ書房.
鳥飼玖美子（2017）『話すための英語力』講談社現代新書.
特集ワイド（2013）「グローバル人材＝英語力」なのか『毎日新聞』6月19日.
徳永保・籾井圭子（2011）『グローバル人材育成のための大学評価指標――大学はグローベル展開企業の要請に応えられるか』協同出版.
津田大介（2012）『ウェブで政治を動かす！』朝日新書.
筒井康隆（1990）『文学部唯野教授』岩波書店.
内田樹・三砂ちづる（2010）『身体知—カラダをちゃんと使うと幸せがやってくる』講談社.
宇野重規（2013）『民主主義のつくり方』筑摩書房.
魚津郁夫（2006）『プラグマティズムの思想』ちくま学芸文庫.
八木浩輔（2013）「質問する学生たちを育てる、英語版本を海外出版する」『日本物理学会誌』68 (5), pp.326-327.
山本正（2000）「日本外交における『市民社会』」『国際問題』484, pp.47-63.

山中司（2007）「プラグマティズムの英語教育論的含意」『KEIO FSC Journal』7（2），pp.68-78.
山脇直司（2004）『公共哲学とは何か』ちくま新書.
矢野暢（1986）『国際化の意味——いま「国家」を超えて——』日本放送出版協会.
養老孟司（2014）『「自分」の壁』新潮新書.
吉田文（2013a）「序論——大学を取り巻くグローバリゼーションと未来」、吉田文（他）『グローバリゼーション、社会変動と大学』岩波書店.
吉田文（2013b）「1 グローバリゼーションと大学」、吉田文（他）『グローバリゼーション、社会変動と大学』岩波書店.
吉田文（2014）「『グローバル人材の育成』と日本の大学教育」『教育学研究』81（2），pp.28-39.
吉川廣和（2008）「グローバル人材—Debateできる力を—」『じゅあ』大学基準協会 41, p.1.
吉見憲二・樋口清秀（2012）「共起ネットワーク分析を用いた訳あり市場の考察—「カニ」と「ミカン」のユーザーレビューを題材として—」『GITS/GITI 紀要 2011-2012』pp.31-39.
座談会（2015）「座談会 Part 2：大学入試改革と効果的な英語コミュニケーションの鍛え方—吉田研作・田中茂範・白井恭弘・長沼君主」『英語スピーキングに強くなる』（『多聴多読マガジン 4 月号別冊』), pp.55-79.
ジーゲルミューラー , ジョージ・W、ジャック・ケイ［井上奈良彦監訳］（2006）『議論法—探求と弁論』（第 3 版）花書房.

Bennett, Stephen Earl, Rhine, Staci L., and Flickinger, Richard S.（2000）Reading's Impact on Democratic Citizenship in America. *Political Behavior* 22（3），pp.167-195.
Doyle, Michael W.（1983）Kant, Liberal Legacies, and Foreign Affairs. *Philosophy and Public Affairs* 12, pp.205-234.
ETS（2007）Test and Score Data Summary for TOEFL September 2005-December 2006 Test Data［https://www.ets.org/Media/Research/pdf/TOEFL-SUM-0506-iBT.pdf, 2017 年 9 月 24 日閲覧］
ETS（2011）Test and Score Data Summary for TOEFL Internet-based and Paper-based Tests January 2010-December 2010 TEST DATA［https://www.ets.org/Media/Research/pdf/TOEFL-SUM-2010.pdf, 2017 年 9 月 24 日閲覧］

ETS (2017) Test and Score Data Summary for TOEFL iBT Tests, January 2016-December 2016Test Data
　［https://www.ets.org/s/toefl/pdf/94227_unlweb.pdf, 2017 年 9 月 24 日閲覧］
Gowers, Andrew (2002) The Power of Two. *Foreign Policy*, September/October, pp.32-33.
Kachru, B. B. (1985) Standards, codification, and sociolinguistic realism: The English language in the outer circle. Quirk, R, and H. Widdowson, (eds.) *English in the World: Teaching and Learning the Language and the Literature, Cambridge*: Cambridge University Press, pp.11-30.
Lave, Jean and Wenger, Etienne (1991) *Situated Learning: Legitimate Peripheral Participation*, Cambridge: Cambridge University Press.
Meany, John and Shuster, Kate (2002), *Art, Argument and Advocacy; Mastering Parliamentary Debate*, International Debate Education Association.
Meany, John and Shuster, Kate (2003) *On That Point!: An Introduction to Parliamentary Debate* [Paperback], International Debate Education Association.
Nation, I. S. P. (2001) *Learning vocabulary in another language*, Cambridge: Cambridge University Press.
Payne, Rodger A. (2007) Neorealists as Critical Theorists: The Purpose of Foreign Policy Debate. *Perspectives on Politics* 5 (3), pp.503-514.
Price, Richard, and Reus-Smit, Christian (1998) Dangerous Liaisons? Critical International Theory and Constructivism. *European Journal of International Relations* 4 (3), pp.259-294.
Risse, Thomas (2000) "Let's Argue!": Communicative Action in World Politics. *International Organization* 54 (2), pp.1-39.
Thornbury, Scott (2005) *How to Teach Speaking*, Essex: Pearson.

Appendix
共通参照レベル：自己評価表

＜理解すること／（聞くこと）＞

A1：はっきりとゆっくりと話してもらえば、自分、家族、すぐ周りの具体的なものに関する聞き慣れた語やごく基本的な表現を聞き取れる。

A2：（ごく基本的な個人や家族の情報、買い物、近所、仕事などの）直接自分に関連した領域で最も頻繁に使われる語彙や表現を理解することができる。短い、はっきりした簡単なメッセージやアナウンスの要点を聞き取れる。

B1：仕事、学校、娯楽で普段出会うような身近な話題について、明瞭で標準的な話し方の会話なら要点を理解することができる。話し方が比較的ゆっくり、はっきりとしているなら、時事問題や、個人的もしくは仕事上の話題についても、ラジオやテレビ番組の要点を理解することができる。

B2：長い会話や講義を理解することができる。また、もし話題がある程度身近な範囲であれば、議論の流れが複雑であっても理解できる。たいていのテレビのニュースや時事問題の番組も分かる。標準語の映画なら、大部分は理解できる。

C1：たとえ構成がはっきりしなくて、関係性が暗示されているにすぎず、明示的でない場合でも、長い話が理解できる。特別の努力なしにテレビ番組や映画を理解できる。

C2：生であれ、放送されたものであれ、母語話者の速いスピードで話されても、その話し方の癖に慣れる時間の余裕があれば、どんな種類の話し言葉でも、難無く理解できる。

＜理解すること／（読むこと）＞

A1：例えば、掲示やポスター、カタログの中のよく知っている名前、単語、単純な文を理解できる。

A2：ごく短い簡単なテクストなら理解できる。広告や内容紹介のパン

フレット、メニュー、予定表のようなものの中から日常の単純な具体的に予測がつく情報を取り出せる。簡単で短い個人的な手紙は理解できる。

B1：非常によく使われる日常言語や、自分の仕事関連の言葉で書かれたテクストなら理解できる。起こったこと、感情、希望が表現されている私信を理解できる。

B2：筆者の姿勢や視点が出ている現代の問題についての記事や報告が読める。現代文学の散文は読める。

C1：長い複雑な事実に基づくテクストや文学テクストを、文体の違いを認識しながら理解できる。自分の関連外の分野での専門的記事でも長い、技術的説明書も理解できる。

C2：抽象的で、構造的にも言語的にも複雑な、たとえばマニュアルや専門的記事、文学作品のテクストなど、事実上あらゆる形式で書かれた言葉を容易に読むことができる。

＜話すこと／（やり取り）＞

A1：相手がゆっくり話し、繰り返したり、言い換えたりしてくれて、また自分が言いたいことを表現するのに助け船を出してくれるなら、簡単なやり取りをすることができる。直接必要なことやごく身近な話題についての簡単な質問なら、聞いたり答えたりできる。

A2：簡単な日常の仕事の中で、情報の直接のやり取りが必要ならば、身近な話題や活動について話し合いができる。通常は会話をつづけていくだけの理解力はないのだが、短い社交的なやり取りをすることはできる。

B1：当該言語圏の旅行中に最も起こりやすいたいていの状況に対処することができる。例えば、家族や趣味、仕事、旅行、最近の出来事など、日常生活に直接関係のあることや個人的な関心事について、準備なしで会話に入ることができる。

B2：流暢に自然に会話することができ、母語話者と普通にやり取りができる。身近なコンテクストの議論に積極的に参加し、自分の意見を説明し、弁明できる。

C1：言葉をことさら探さずに流暢に自然に自己表現ができる。社会

上、仕事上の目的に合った言葉遣いが、意のままに効果的にできる。自分の考えや意見を精確に表現でき、自分の発言を上手に他の話し手の発言にあわせることができる。

　C2：慣用表現、口語体表現をよく知っていて、いかなる会話や議論でも努力しないで加わることができる。自分を流暢に表現し、詳細に細かい意味のニュアンスを伝えることができる。表現上の困難に出合っても、周りの人がそれにほとんど気がつかないほどに修正し、うまく繕うことができる。

＜話すこと／（表現）＞

　A1：どこに住んでいるか、また、知っている人たちについて、簡単な語句や文を使って表現できる。

　A2：家族、周囲の人々、居住条件、学歴、職歴を簡単な言葉で一連の語句や文を使って説明できる。

　B1：簡単な方法で語句をつないで、自分の経験や出来事、夢や希望、野心を語ることができる。意見や計画に対する理由や説明を簡潔に示すことができる。物語を語ったり、本や映画のあらすじを話し、またそれに対する感想・考えを表現できる。

　B2：自分の関心興味のある分野に関連する限り、幅広い話題について、明瞭で詳細な説明をすることができる。時事問題について、いろいろな可能性の長所、短所を示して自己の見方を説明できる。

　C1 複雑な話題を、派生的問題にも立ち入って、詳しく論ずることができ、一定の観点を展開しながら、適切な結論でまとめ上がることができる。

　C2：状況にあった文体で、はっきりとすらすらと流暢に記述や論述ができる。効果的な論理構成によって聞き手に重要点を把握させ、記憶にとどめさせることができる。

＜書くこと＞

　A1：新年の挨拶など短い簡単な葉書を書くことができる。例えばホテルの宿帳に名前、国籍や住所といった個人のデータを書き込むことができる。

A2：直接必要のある領域での事柄なら簡単に短いメモやメッセージを書くことができる。短い個人的な手紙なら書くことができる：例えば礼状など。

B1：身近で個人的に関心のある話題について、つながりのあるテクストを書くことができる。私信で経験や印象を書くことができる。

B2：興味関心のある分野内なら、幅広くいろいろな話題について、明瞭で詳細な説明文を書くことができる。エッセイやレポートで情報を伝え、一定の視点に対する支持や反対の理由を書くことができる。手紙の中で、事件や体験について自分にとっての意義を中心に書くことができる。

C1：適当な長さでいくつかの視点を示して、明瞭な構成で自己表現ができる。自分が重要だと思う点を強調しながら、手紙やエッセイ、レポートで複雑な主題を扱うことができる。読者を念頭に置いて適切な文体を選択できる。

C2：明瞭な、流暢な文章を適切な文体で書くことができる。効果的な論理構造で事情を説明し、その重要点を読み手に気づかせ、記憶にとどめさせるように、複雑な内容の手紙、レポート、記事を書くことができる。仕事や文学作品の概要や評を書くことができる。

あとがき

　学生のディベート実践が国際政治学の争点を考える上で、いかに有効かを知る端緒は、NHKの教育テレビが放送していた『英会話Ⅱ』であったように記憶する。アメリカ・コロンビア大学のディベートサークルを訪問し、銃規制や選挙などを争点にディベートを実践していた。アメリカでは政治家を志望するなら、こうしたディベートのスキルが必須であるとの情報は既に得ていたかと思う。しかし、テレビ画面からではあるが、論点に対して果敢に説明する姿には、単純に自分自身の英語リスニング力を向上させようとする目的を越えて、大いに刺激を受けた。

　ディベートに関しては、英語ではないが、日本語による実践を大学の教室に初めて持ち込んだのは、今から25年前の札幌学院大学に勤務していた頃に遡る。新聞紙上で主張が分かれるテーマを選び、教室で賛否を分けて論争した。今から振り返ると、競技ディベートの形を取り入れていたが、ルールに則って展開されるディベートとはかけ離れていた。それでも、論点を自らの力で掘り下げて考えるという意味では、現在のPBLに相当する活力を受講生に与えていたと思う。

　その後、広島修道大学に移り、国際政治学を担当しつつも、2005年頃からパーラメンタリー・ディベートをゼミの中で始めるようになった。きっかけは専門書を講読し、ゼミ生の報告を中心に読み進める従来型のゼミのスタイルに学生が関心を示さず、ゼミ募集に際して何らかの工夫を講じる必要に迫られていたことにあった。

　このころから、ESUJが行っている大学英語ディベート大会に見学者として参加するようになった。そこでの経験も大きかった。この大会に出てくる学生たちの英語力のレベルにまず驚いた。原稿を読み上げるようなスピーチではなく、メモ書き程度のものは手元においてあったが、観客席に対して堂々と英語で主張を繰り広げていた。参加しているディベーターの

全員が英語母語話者のような発音で話しているわけではない。それでも、しっかりと積極的に英語スピーチを展開していることに感心した。取り扱っているテーマも決して簡単な内容ではなかった。国際政治から経済社会の広範な争点を議論していた。その後、ESUJ の社会人のディベート大会にも自分自身で参加して、ディベート実践の意義を体験する機会も得た。

そうした中で、この英語ディベートについて、英語教育の文脈でその位置付けを考察する機会を得たいと考えるようになった。調べてみると、名古屋学院大学の大学院が通信制で英語教育を専門的に学ぶ機会を提供していた。国際政治学を専門としてきた身には英語学は全くの素人であった。しかし、名古屋学院大学の柳善和先生の忍耐強く親身な指導のおかげで、こうして英語ディベートに関する考察をまとめることができた。本書の内容は全面的に筆者の責任に帰す。それでも柳先生の御指導がなければ決して英語教育分野の業績を加えることはできなかった。この場を借りて、記して感謝申し上げたい。

本書は、名古屋学院大学大学院に提出した博士学位論文、「グローバル人材育成における英語ディベート実践の重要性に関する考察」に基づいている。この上梓が、日本における英語ディベート教育の進展にわずかでも貢献することになれば幸いである。

2018 年、平成最後の年末に
三上　貴教

索　引

【あ】

アーギュメント　52
IMD　65, 88
アイデンティティー　17, 26, 27, 36, 41, 42, 64, 67, 72, 138, 139, 162
アカウンタビリティ　ⅱ, ⅲ, ⅳ, 25, 36, 38, 39, 44, 56, 57, 68, 93, 94, 120, 135, 160, 162, 164, 166, 167
アカデミック・ディベート　45, 46, 50, 62, 63, 75, 162
アクション・リサーチ　ⅱ, 68, 74, 111, 135, 136, 164, 166, 167
ESP　75, 76, 77, 78, 79, 81, 96, 105, 163
ESUJ（日本英語交流連盟）　47, 48
イノベーション　58, 67
異文化理解　41, 43, 79, 94, 138
英語を使う　ⅳ, 100, 102, 103, 105-107
SPSS　121, 122, 128, 136

【か】

学長式辞　23, 25, 26, 28, 31, 32, 33, 38, 161, 162
可謬主義　69, 71, 163
競技ディベート　45, 47, 50, 51
共起ネットワーク　13, 14, 15, 22, 33, 34, 35, 36
KWIC　17-19, 21, 22
クラスター分析　9, 10, 14, 17, 22
クリティカル・シンキング　94, 162
計量テキスト分析　3, 4, 6, 11, 22
KH Coder　4, 6, 8, 14, 22, 25

公共性　42, 57
国際化　19, 20, 21, 24, 26, 63, 64, 65, 66, 84
国際関係論　77, 78
国際競争力　24, 28, 33, 65, 88, 163
国際共通語　81, 82, 163
国際政治学　74, 75, 76, 77, 78, 79, 80, 81, 82, 112, 153, 163, 167
国会審議　ⅱ, 3, 4, 5, 6, 9, 10, 13, 14, 15, 16, 17, 18, 19, 21, 22, 25, 26, 27, 32, 36, 38, 99, 162, 164

【さ】

施政方針演説　6, 97, 98
シティズンシップ　ⅳ, 36, 38, 120, 135, 136, 138, 139, 140, 141, 164, 166, 167
市民社会　56, 64, 138
自由と人権　ⅲ
熟議民主主義　72
新聞社説　3, 4, 6, 10, 11, 12, 13, 15, 17, 19, 21, 98, 161, 164
政治参加　59, 80

【た】

大学進学率　89
大学ランキング　21, 24, 26, 28, 38, 162
第二公用語　83, 84
対話民主主義　72, 73
多次元尺度構成法　8, 9, 22
他者理解　72, 138
使える英語　97-99, 100, 101, 164
TED　106

185

デューイ　49, 50, 73
闘技民主主義　72
TOEIC　63, 65, 86
TOEFL　20, 21, 27, 65, 86, 87, 88, 89, 97, 99, 100, 163

【な】
二項対立　45, 52
日本新聞協会　60

【は】
ハーバーマス　52, 139
パーラメンタリー・ディベート　112, 154, 162
箱ひげ図　150, 151
パットナム　59
パラダイムシフト　97, 100, 164
PD（パーラメンタリー・ディベート）　45, 46, 47, 50, 63, 75
PBL　54
プラグマティズム　49, 69, 71, 72, 76, 163
フリードマン　ii, 66

振り返り　111, 113, 155, 156, 159
プレゼンテーション　54, 62, 63, 159
法の支配　iii
ポリシー・ディベート　45

【ま】
民主主義　ii, iii, 3, 39, 44, 46, 49, 50, 51, 55, 56, 57, 58, 59, 60, 68, 69, 70, 71, 72, 73, 77, 80, 81, 93, 96, 138, 157, 163
メディア・リテラシー　42, 60
問題解決能力　90, 91
問題提起　3, 56, 91, 99

【や】
良き市民　43, 44, 76, 77, 78, 80, 81, 82, 163

【ら】
リサーチクエスチョン　iv, v, 160, 164, 165, 166
ローティ　71, 76
論理的思考力　55

【著者】

三上　貴教（みかみ　たかのり）

1959年北海道生まれ。大阪大学大学院法学研究科博士課程後期単位取得中途退学。名古屋学院大学大学院外国語学研究科英語学専攻博士後期課程（通信制）修了・博士（英語学）。
札幌学院大学法学部講師、同助教授、広島修道大学法学部助教授、同教授を経て、現在、広島修道大学学長、同大学国際コミュニティ学部教授。専門は国際政治学、国際日本学。

主な著作
三上貴教編（2005）『映画で学ぶ国際関係』法律文化社、戸田真紀子・三上貴教・勝間靖編（2012）『国際社会を学ぶ』晃洋書房、三上貴教編（2013）『映画で学ぶ国際関係Ⅱ』法律文化社、三上貴教著（2017）『ランキングに見る日本のソフトパワー』溪水社。

広島修道大学学術選書 74
グローバル人材育成のための英語ディベート

平成31年2月15日　発行

著　者　三上　貴教
発行所　株式会社　溪水社
　　　　広島市中区小町1-4（〒730-0041）
　　　　電話 082-246-7909　FAX 082-246-7876
　　　　URL: www.keisui.co.jp
　　　　E-mail: info@keisui.co.jp

ISBN978-4-86327-471-6 C3037